LES
ASSOCIATIONS

CONSÉQUENCES

DU PROGRÈS

CRÉDIT DU TRAVAIL

PAR

J.-P. BELUZE.

PARIS,

CHEZ L'AUTEUR, RUE BAILLET, 3.

JANVIER 1863.

AVERTISSEMENT

——

En écrivant les pages qui vont suivre, nous n'avons pas eu la pensée de faire un traité sur les associations ouvrières.

Nous voulons appeler l'attention sur une situation qui nous paraît pleine de périls ; indiquer le remède qui nous paraît seul capable de les conjurer, et prendre l'initiative d'une institution que nous croyons appelée à rendre les plus grands services aux travailleurs et au pays tout entier.

On nous accusera peut-être de témérité. On nous dira peut-être : Qui êtes-vous pour prendre une semblable initiative ?

Nous ne nous dissimulons ni notre insuffisance, ni les difficultés de la tâche que nous entreprenons. Notre excuse sera seulement dans l'ardent amour pour le bien public, dont nous nous sentons animé, et dans la volonté que nous avons d'aider à nos frères les travailleurs, à conquérir le bien-être l'instruction et l'éducation, à la faveur desquelles ils s'élèveront progressivement aux degrés supérieurs de la civilisation.

Nous sommes sans titres pour nous présenter à la confiance de nos concitoyens ; nous n'avons pas du moins ceux qui ont l'habitude de la captiver : la fortune et la position sociale. Nous n'occupons et n'avons jamais occupé de fonction dans l'État que celle de citoyen. Mais quinze années d'études et de pratique en ce qui concerne les associations, nous ont peut-être permis d'acquérir quelque expérience dans cette question, et nous osons espérer, en y travaillant, pouvoir rendre quelques services à notre pays.

Nous prenons l'initiative, parce que nous ne la voyons prendre par personne de plus capable et de mieux placé; parce que, encouragé par quelques amis, sollicité par d'autres, on nous assure qu'elle est nécessaire au développement des associations et nous nous y déterminons surtout, avec la confiance que l'importance de l'œuvre à laquelle nous nous dévouons sera comprise et qu'elle attirera le concours de tous les hommes véritablement dévoués aux intérêts du peuple.

Nous avons essayé de montrer que l'association est la conséquence naturelle du progrès social; que les découvertes de la vapeur, de l'électricité, l'application des machines à l'industrie, etc., rendent les associations de plus en plus nécessaires, indispensables même; que, pour s'organiser convenablement et pour suppléer au manque de capital, au défaut d'expérience, elles ont besoin d'un centre commun, d'un commanditaire qui puisse aider les travailleurs de sa bourse et de son expérience. Nous disons que ce n'est point là le rôle de l'État et nous proposons la formation d'une société particulière, une sorte de Banque du travail qui remplirait ce rôle à ses risques et périls. Puissions-nous n'avoir pas trop été au-dessous de notre tâche, et avoir fait partager nos convictions à ceux qui peuvent nous aider dans l'intérêt des travailleurs!

J.-P. B.

LES ASSOCIATIONS

CONSÉQUENCES

DU PROGRÈS.

CHAPITRE PREMIER.

---

§ 1er. — Le Progrès.

Ce mot, PROGRÈS, caractérise notre époque et exprime la révolution qui s'accomplit dans les idées et dans les faits. L'humanité est saisie d'un travail nouveau ; une sorte de fièvre l'agite et la met en mouvement : elle obéit à une impulsion irrésistible qui la précipite en avant à la conquête d'un monde inconnu. Les peuples, en entendant prononcer le mot progrès, semblent se réveiller comme d'une longue léthargie et chercher leur route vers l'avenir.

Longtemps l'homme, enveloppé dans les ténèbres répandues sur toutes les intelligences par une fausse conception de la vie, ignorant les lois qui président à son développement et le ramène nécessairement dans la voie que lui a tracée le grand Architecte de l'Univers, put croire qu'il vivait dans un milieu où tout était im-

mobile; que lui-même devait se perpétuer de génération en génération, mais sans se modifier. Persuadé que
ses ancêtres avaient été semblables à lui, il ne doutait
pas que ses descendants ne dussent lui ressembler en tous
points. Assignant pour borne au monde physique les limites de son horizon, il était naturel qu'il donnât des limites également restreintes au monde moral et au monde
intellectuel ; et pour se mieux renfermer dans ces étroits
espaces, il devait établir son système religieux en con-
formité avec ses connaissances. L'immobilité fut érigée
en dogme ; la religion et la politique, d'accord sur ce
point, considéraient, comme hérétiques et factieux,
toutes pensées et tous efforts tendant à sortir de ce
cercle, sorte de muraille de la Chine imposée à l'esprit
et à l'activité de l'homme, bien plus difficile à franchir
que celle du céleste empire.

Mais c'est en vain que l'humanité cherche à se fixer,
pour ainsi dire, dans le temps et dans l'espace, c'est
inutilement que l'homme donne un caractère sacré
aux barrières qu'il s'impose ; pendant qu'il invente des
supplices pour punir celui qui tentera de les franchir, une voix intérieure lui crie : Marche! Marche! et
poussé par un mouvement irrésistible, les plus grands
cherchent à voir au-dessus des barrières ; s'élevant par
l'étude, ils aperçoivent au delà de nouveaux horizons
qui les attirent. Vainement l'aveugle routine frappe
les plus hardis, la même voix, qui a poussé les premiers en avant, retentit continuellement et entraîne
sur leurs pas de nouvelles victimes qui succomberont à
leur tour ; mais, avant de tomber, chacune d'elles fait à
la muraille une nouvelle brèche par où passeront ceux
qui les suivent.

Enfin, le cercle est rompu, et l'humanité, en possession d'elle-même, peut s'élancer à la conquête des biens que lui a destinés la Providence ; une ère nouvelle s'ouvre devant elle ; elle reçoit une révélation nouvelle ; un dogme nouveau se formule ; elle découvre et reconnait la loi du PROGRÈS ! C'est en vain que, dans son ignorance, l'homme a proclamé l'immobilité ; il peut bien ériger en loi ses conceptions, formuler des systèmes ; mais il ne peut rien changer aux lois naturelles ; il peut les méconnaitre un moment, mais il ne peut s'y soustraire, et, bien qu'il proclame l'immuabilité, tout marche, tout se transforme, et le progrès, malgré qu'on se refuse à le voir, se manifeste partout.

§ 2. — La Réforme.

Quel magnifique spectacle se présente à notre esprit quand nous considérons toutes les réformes opérées dans les deux derniers siècles seulement ! C'est à peine si l'imagination la plus hardie ose le concevoir ; et cependant la loi du progrès s'accomplissant prépare et nécessite tout à la fois de nouvelles réformes, car tout se tient et tout s'enchaîne, aussi bien dans l'ordre physique que dans l'ordre moral, aucune réforme ne s'effectue sans en préparer d'autres. Qu'une nouvelle machine, par exemple, soit inventée, elle donnera bientôt naissance à une foule d'applications qui engendreront la confection de produits nouveaux.

Qu'en chimie on découvre les propriétés jusqu'ici inconnues que peuvent avoir une immense quantité de végétaux qui nous environnent et dont nous savons à peine les noms, nous ne tardons pas à les utiliser, soit directement, soit en les combinant avec d'autres ma-

tières pour nous en faire des remèdes propres à guérir
nos maladies ou des couleurs pour teindre nos
tissus, etc.

De même, en physique, la reconnaissance d'une loi
naturelle donne naissance à une foule de découvertes
secondaires qui augmentent incessamment la somme
des connaissances humaines, et toutes ces conquêtes de
l'esprit humain, composant ce qu'on appelle les sciences
naturelles ou sciences positives, concourent à faire
disparaître peu à peu les erreurs et les préjugés.

Et qu'on ne s'y trompe pas, malgré les apparences
contraires qui peuvent être observées à certains moments de la vie des peuples, le développement des connaissances humaines dans l'ordre matériel provoque
les réformes dans l'ordre moral, éveille les sentiments
de justice, d'ordre et de solidarité qui relient
tous les membres de la grande famille humaine;
et s'il est vrai qu'à certain moment, et sous l'influence
de circonstances particulières, les forces morales de
l'humanité paraissent décroître en proportion du développement des forces physiques, il n'en est rien cependant; cette décadence morale n'est qu'apparente et l'on
peut regarder comme certain que le progrès, qui s'accomplit par des réformes successives dans toutes les
branches de l'activité physique de l'homme, prépare et
facilite tous les progrès et toutes les réformes morales.
Aussi est-ce avec la satisfaction la plus sincère que
nous constatons chaque découverte qui met une nouvelle force à notre disposition, en augmentant ainsi la
somme de puissance dont l'homme peut disposer. A ce
point de vue, nous considérons la science comme la
source de tout progrès.

§ 3. — La Science.

Considérée au point de vue général, la science est l'ensemble des connaissances humaines; mais celles-ci se divisent et se subdivisent en une infinité de connaissances spéciales qui toutes prennent ou peuvent prendre le titre générique de science, auquel on ajoute une dénomination spéciale pour indiquer la connaissance particulière dont on entend parler; mais on a l'habitude de former de grandes divisions en groupant diverses branches que les savants subdivisent pour étudier plus facilement et plus complétement chaque partie. C'est ainsi que la médecine, la botanique, la chimie, la physique, l'astronomie sont autant de grandes divisions qui donnent lieu chacune à des études très-variées (1).

Chacune de ces parties, qui composent la somme des connaissances acquises, a son importance et son utilité; aucune ne pourrait être négligée sans que la société en souffrît un préjudice plus ou moins grave, suivant que les études négligées sont plus ou moins directement en rapport avec les besoins les plus immédiats de l'homme.

La médecine qui se propose la guérison de nos maladies; la botanique qui nous apprend à connaître toutes les plantes qui nous entourent et forment l'ornement de nos jardins, la richesse de nos champs et de nos forêts; la chimie qui nous révèle les services que nous pouvons en retirer pour notre bien-être, qui nous permet de décomposer tous les corps pour en connaître tous

(1) C'est ce qu'on appelle les sciences positives, parce qu'elles sont fondées sur l'expérience et l'observation, qui ont permis de constater l'existence des faits ou des phénomènes se reproduisant invariablement.

les éléments; la physique qui nous fait connaître les lois naturelles qui régissent le monde matériel; l'astronomie qui nous permet de sonder l'immensité de l'espace et de calculer le mouvement des astres qui composent notre univers visible. Rien de tout cela ne pourrait être négligé sans que nous en souffrissions plus ou moins.

Il en est de même de la mécanique sur laquelle nous reviendrons, à cause de la place importante qu'elle a prise dans la vie des sociétés modernes; mais avant nous voulons dire deux mots des sciences morales et sociales qui ont pour but l'étude de l'homme et de la société.

§ 4. — Science morale et sociale.

Quoi de plus intéressant et de plus important à connaître que l'homme pris individuellement et considéré dans sa nature même; puis considéré au point de vue social, dans ses rapports avec ses semblables et la nature extérieure? Tel est l'objet des sciences morales et d'économie sociale.

L'importance des questions soumises à l'examen par l'étude de ces sciences a de tout temps attiré l'attention des plus grands esprits. Les problèmes qu'elles soulèvent ont enfanté beaucoup de systèmes, mais qui, pris dans leur ensemble, peuvent être classés en deux grandes divisions fondées sur deux principes opposés.

D'un côté, les partisans de l'initiative individuelle, considérant chaque homme comme un centre absolu devant tendre constamment à s'approprier tout ce qu'il peut posséder à l'exclusion d'autrui ; ce système est *l'individualisme*.

De l'autre côté, ceux qui considèrent tous les hommes comme ne formant qu'une même famille, l'humanité leur recommandant l'union, l'amour et l'association ; c'est le *socialisme*.

Dans l'individualisme, chacun rapportant tout à soi, il doit nécessairement en résulter un antagonisme plus ou moins violent, suivant le tempérament des hommes, le milieu dans lequel ils vivent et l'importance des intérêts qu'ils se disputent, chacun se trouvant presque toujours seul en lutte d'intérêt contre tous ses semblables, toutes ses facultés se trouvent sollicitées pour la défense des intérêts particuliers et ces facultés tendent à se développer en proportion des besoins de la lutte; c'est ce qu'on appelle l'*émulation*. Il est incontestable que, dans l'état de notre civilisation, avec l'éducation et l'instruction que nous avons reçues, il est incontestable, disons-nous, que cette constante sollicitation à l'activité a des avantages sérieux, et dont il convient de tenir compte ; mais il n'est pas moins incontestable qu'elle a des inconvénients non moins grands, dont les résultats désastreux engagent tous les cœurs généreux à chercher un remède aux maux incalculables qui découlent de ce mode d'émulation.

Nous avons reconnu l'efficacité de ce système individualiste pour développer les facultés productives de l'individu ; mais il a en même temps l'inconvénient de développer toutes les passions, tous les instincts égoïstes et d'étouffer ou de comprimer tous les sentiments généreux, toutes les facultés affectueuses, si nous pouvons nous exprimer ainsi, que le Créateur a déposées dans le cœur de chacun de nous. En nous mettant dans la nécessité de conquérir notre existence sur nos semblables, nous nous habituons facilement à les considérer comme des ennemis. La réussite de nos projets, nos succès en un mot, dépendent presque toujours de la défaite d'autrui ; nous nous familiarisons peu à peu avec l'idée qu'il faut réussir et vaincre à tout prix, et nous finissons par considérer le mal de nos semblables comme une chose nécessaire quand il nous est profitable.

Qui de nous n'a entendu les plaintes et les lamentations des spéculateurs en grains qui, ayant compté sur une cherté extraordinaire par suite de nos mauvaises récoltes, avaient fait des achats considérables en vue de réaliser de gros bénéfices. Ils avaient calculé que le pain vaudrait 30 centimes le demi-kilogramme pendant un certain temps ; il n'en valait que 20. Nous avons entendu des gens considérer cela comme une grande calamité, et se plaindre très sérieusement du Gouvernement qu'ils accusaient d'en être la cause pour avoir décrété la liberté du commerce des céréales.

Et, il faut bien le reconnaître, en se plaçant au point de vue de ces négociants, leurs plaintes étaient fondées ; car, comptant vendre cher, ils avaient acheté à un prix élevé et se trouvaient obligés de revendre à perte. Ce bon marché du pain, qui sauvait de la misère des millions de travailleurs, les ruinait et portait la désolation, le déshonneur, la mort peut-être, dans leurs familles !

L'exemple que nous venons de citer n'est pas exceptionnel ; et, bien qu'il ne se reproduise pas toujours dans toutes les transactions commerciales, il est assez fréquent, pour faire condamner le système individualiste comme contraire au développement moral de l'homme, comme un obstacle au libre accomplissement de la loi du progrès.

D'un autre côté, l'individualisme, porté à ses dernières limites, produit-il bien l'émulation qui est la plus forte raison que l'on donne pour sa défense ? Nous ne le pensons pas, et nous croyons au contraire qu'il est pour l'immense majorité un dissolvant des forces morales, qu'il paralyse les efforts sérieux en ne laissant aucune chance à l'amélioration du sort du plus grand nombre.

Le *socialisme*, au contraire de l'individualisme, est fondé, comme son nom l'indique, sur le principe d'*association*.

Sous le nom générique de socialisme, il s'est produit bon nombre de théories, de systèmes, qui diffèrent plus ou moins les uns des autres ; mais qui, au fond, ont tous pour but, dans l'esprit de leur auteur, d'améliorer le sort des travailleurs en augmentant la production générale et en répartissant équitablement les produits du travail. Nous n'entrerons pas ici dans l'examen des systèmes dont les principaux, dus au génie de Robert Owen en Angleterre, de Cabet, de Fourrier et de Saint-Simon en France, contiennent une théorie complète de la société ; chacun de ces systèmes mérite d'être étudié sérieusement par tous ceux qui se préoccupent du bonheur de leurs semblables, et pour cela nous les renvoyons aux ouvrages des maîtres ; chacun de ces hommes vraiment supérieurs, morts aujourd'hui, a laissé des disciples qui forment école, et propagent les doctrines avec plus ou moins de succès.

Nous ne parlons pas d'une foule d'autres écrivains de mérite qui ont également traité les questions sociales avec autorité, mais qui n'ont pas formulé de système particulier, chacun se rattachant plus ou moins à l'un ou à l'autre des chefs d'école que nous venons de nommer ; prenant assez souvent leurs inspirations un peu dans les uns et un peu dans les autres, ils servent pour ainsi dire, de trait d'union entre ces grands génies, et préparent de cette façon la synthèse sociale qui doit établir l'ordre et l'harmonie dans la famille humaine par l'application des lois naturelles qui sont appelées à la régir.

Nous croyons que la science sociale n'est pas moins une science exacte que la physique et la chimie, parce que nous sommes convaincus de l'existence de lois primordiales et générales propres à l'organisation des sociétés, comme on en observe dans tout ce que la nature a formé, et si l'on trouve tant de contradictions, tant d'opinions opposées parmi les hommes de mérite qui ont étudié cette science, cela tient évidemment aux procédés employés dans l'étude bien plus qu'aux difficultés que présente le sujet.

Et rien de plus facile que de s'en convaincre. En effet, qu'est-ce que la science ? C'est la connaissance que nous avons des lois naturelles. Comment acquérons-nous cette connaissance ? Par l'observation et par l'expérience. Nous observons un fait dans la nature, nous le constatons en le décrivant aussi exactement qu'il nous est possible ; si nous avons commis quelques erreurs dans notre première observation, nous les rectifions par de nouvelles et successives expériences et nous arrivons ainsi à connaître exactement le phénomène ; nous le voyons se reproduire constamment de la même manière, et nous en concluons à l'existence d'une loi naturelle qui dès lors nous est connue.

Une première loi étant découverte, nous en déduisons des conséquences, et nous arrivons par le raisonnement à former une théorie, un système; mais si nous raisonnons mal, notre théorie est mauvaise, notre système est faux. Comment reconnaître notre erreur?

Par l'expérience!

Pourquoi ne procédons-nous pas de même en fait de science sociale? Serait-ce plus difficile ou moins intéressant? Non! C'est que nous sommes encore à moitié enveloppés dans les ténèbres de l'ignorance : que cette ignorance nous rend timides, peureux comme des enfants. C'est que la moitié de notre génération ne voit pas ou plutôt ne comprend pas que tout se meut, se modifie, se transforme autour d'elle. Le progrès l'entraîne à pas de géant vers un monde nouveau, et elle ne voit, dans ce mouvement par lequel elle se sent emportée, que la méchanceté de ses contemporains. Bercée dès l'enfance avec l'idée d'immobilité des choses de ce monde, l'éducation de ceux qui en ont reçu une, leur a été donnée en conséquence de ce principe : que Dieu ayant créé des riches et des pauvres, il n'y a naturellement rien à changer à l'ordre ainsi établi par Dieu lui-même, et toute tentative tendant à introduire un peu plus de justice dans le monde doit être naturellement considérée comme un sacrilége. Il a bien été un temps où l'esclavage, lui aussi, était considéré comme une institution divine! Il ne faut donc pas trop s'étonner de l'épouvante causée naguère par le socialisme à ces esprits attardés dans le passé. Il faut le constater seulement parce qu'il explique pourquoi, dans l'étude de la science sociale, on n'a pas pu, jusqu'à ce jour, procéder de la même manière que pour les autres sciences, c'est-à-dire par l'expérimentation. Les observations et les théories n'ont pas manqué, mais comment vérifier leur exactitude au milieu d'un monde qui regarde tout Réformateur comme ennemi de Dieu et de la société? Les plus hardis l'ont tenté, mais dans des conditions tellement défavorables que leur succès aurait été un miracle, et il leur est arrivé pour la plupart ce qui arriva à Galilée.

Mais de même qu'on n'emprisonne plus les astronomes qui font quelques découvertes, de même on finira par ne plus condamner ou persécuter les philosophes qui proposeront quelques réformes pour augmenter le bien-être de leurs semblables, et le temps viendra où ils pourront vérifier leur théorie par l'expérience, sans s'exposer à la police correctionnelle. En attendant, qu'ils se consolent, et qu'ils pardonnent à leurs contemporains, leur dévouement à l'humanité n'a pas été stérile; s'ils ont été méconnus, si leur intention n'a pas été comprise, ils n'en ont pas moins démontré que la forme des sociétés étant toute d'institution humaine, elles sont susceptibles d'être modifiées; qu'elles doivent l'être à mesure que les connaissances de l'homme grandissent, afin qu'elles soient toujours en rapport avec les besoins des individus qu'elles régissent. En effet, quelle que soit l'opinion à laquelle on se rattache, personne aujourd'hui, si ce n'est peut-être quelques esprits troublés par le fanatisme, personne ne voudrait revenir à l'organisation sociale du moyen-âge. Ce n'est donc, au fond, qu'une question de plus ou moins de progrès qui nous divise, et en dernière analyse ce n'est qu'une question de plus ou moins de connaissance acquise, de science sociale.

Nous avons dit que l'imperfection des solutions proposées pour résoudre les problèmes qui préoccupent nos sociétés modernes, tenait au manque d'expérimentation pour vérifier la bonté des théories ou en constater les défauts; et nous aurions pu ajouter : au nombre ainsi qu'aux difficultés que présentent les problèmes à résoudre. Cependant, comme les solutions proposées intéressent tout le monde, chacun veut se prononcer sur leur valeur, et le plus grand nombre prend parti sans avoir jamais lu une page du système qu'il adopte ou qu'il combat! Si l'on agissait avec cette légèreté à l'égard d'autres sciences; de la médecine, de l'astronomie ou de la mécanique, par exemple, on trouverait cela absurde, et on aurait raison. Cependant que d'hommes, graves, passant pour être instruits et l'étant d'ailleurs sur d'autres questions, discutent avec autorité, et condamnent des théories dont ils ne connaissent pas le premier mot? Eh bien! c'est de cette ignorance que naît la discorde, et non des systèmes proposés, puisque ces systèmes sont nécessaires au perfectionnement de nos institutions.

§ 6.—Le travail, source de l'indépendance et de la liberté
de l'homme.

Le travail a longtemps été considéré comme une punition imposée par Dieu et comme la marque de la déchéance de l'homme. C'est l'idée, le principe qui servit de base à l'organisation des sociétés anciennes. Consacrée par la religion et par la philosophie, c'est une des erreurs que l'humanité a conservées avec vénération pendant de longs siècles, et dont elle a, même aujourd'hui, beaucoup de peine à se défaire. C'est certainement la conception la plus funeste qu'il ait été donné à l'esprit humain de former. C'est le frein attaché au char du progrès : longtemps il a eu assez de force pour l'arrêter, ou du moins pour rendre sa marche plus lente et plus difficile ; aujourd'hui encore, nous souffrons de cette erreur, conservée et propagée par l'enseignement religieux resté stationnaire.

Cette idée du travail, considérée comme une punition infligée à l'homme, suffirait pour expliquer l'histoire de l'humanité et les lois des différents peuples. Dès qu'il est une punition, c'est un mal, et chacun veut l'éviter. Mais le travail étant nécessaire pour procurer les choses indispensables à la vie de l'homme vivant en société, les plus habiles et les plus forts, pour s'y soustraire, contraindront les plus faibles à travailler pour eux ; de là, la formation de deux classes ; l'une qui travaillera et à laquelle on ne laissera que le plus strict nécessaire pour vivre, l'autre qui ne travaillera pas et qui aura tout le surplus. C'est l'origine de l'esclavage et de l'aristocratie. Celle-ci s'armera pour maintenir les esclaves dans l'obéissance et la soumission, et si ces derniers se révoltent pour ne plus travailler ou travailler moins, comme ils ne sont pas armés et qu'ils n'ont pas l'habitude du maniement des armes, ils seront massacrés en partie, et le reste, contraint de se rendre et de recommencer à travailler pour le maître, verra son sort plus malheureux qu'avant la révolte ; il maudira ceux qui l'y ont entraîné, et s'habituera peu à peu à son état : on lui préchera que c'est Dieu qui l'a voulu, et dans sa naïve ignorance, il finira par croire qu'en effet il doit en être ainsi.

De même, les maîtres s'habitueront à l'idée qu'ils sont d'une race supérieure et privilégiée ; ils regarderont le travail comme une honte et une dégradation. Le métier des armes, c'est-à-dire la guerre, avec toutes les horreurs qu'elle entraîne au milieu de peuples ignorants, sera le seul qu'elle considérera comme digne d'elle. Les générations se succédant, instruites dans ces idées, l'ordre social ainsi établi sera considéré comme juste par ceux qui en recueilleront tous les avantages, et pour le mieux persuader à ceux qui en supporteront les charges, on leur dira que c'est l'ordre établi par Dieu lui-même. Et si l'on parvenait à le leur persuader, cet état de choses pourrait subsister bien longtemps, sans exiger trop d'efforts pour le maintenir. N'est-ce pas là la triste histoire du passé ? Ne gémirions-nous pas encore dans cette désolante théorie sans le progrès ? Sans lui, ne voyant pas de fin possible à nos souffrances, n'appellerions-nous pas de tous nos vœux, comme le seul remède à nos maux, un cataclysme qui amènerait la destruction de notre espèce ? Sans le progrès qui ne permet pas que les sociétés restent stationnaires et en dehors des lois providentielles qui leur sont assignées, l'iniquité aurait pu se perpétuer dans le monde, le travail serait resté une punition pour le malheureux qui se serait vu éternellement dépouillé des fruits de son labeur, et cela au nom d'un Dieu bon et juste, père de tous les hommes ! — Courbé sous cette loi inexorable, l'homme aurait continué à traîner une misérable vie, sans chaleur et sans amour, supportant le travail comme une honte. Jamais il n'aurait pensé qu'en lui se trouvaient cependant son indépendance et sa liberté.

Mais le sentiment d'éternelle justice, dont la nature a formé la conscience de tous les hommes, pour avoir été méconnu un moment, ne pouvait pas disparaître: l'ordre qui régit l'humanité en aurait été détruit, et l'humanité elle-même aurait disparu. Aussi, vainement la doctrine du travail infligé à l'homme comme une punition fut-elle entretenue avec un soin tout particulier; ses fruits donnant à l'homme le bien-être et la satisfaction de ses besoins les plus impérieux, était un démenti permanent à cette désolante théorie; elle ne pouvait être conservée que par ceux qui avaient intérêt à le faire; l'erreur devait disparaître pour laisser voir la vérité :

Le travail est la source de l'indépendance et de la liberté de l'homme !

Cette vertu bienfaisante du travail est aujourd'hui reconnue; pourtant telle est la puissance de l'erreur, quand elle se présente à l'homme sous le caractère sacré de la religion, que des milliers de générations ont vécu, courbées sous le poids de ce désolant et chimérique anathème. Quel changement ! quelle transformation dans la vie d'un peuple par la force d'une seule vérité reconnue ! Le travail qui, hier encore, était méprisé et délaissé par tous ceux qui pouvaient s'y soustraire, est honoré aujourd'hui ; il donne lieu aux plus grandes solennités des nations ; des palais splendides lui sont dédiés et les plus hautes récompenses sont décernées aux vainqueurs de ces grands concours que les peuples modernes ont institués sous le nom d'*exposition des produits de l'industrie.*

D'où viennent de si grands changements ? d'où vient que tout ce peuple naguère si pauvre, si indolent, paraît aujourd'hui si actif et jouit d'un commencement de bien-être qui fait paraître en lui une dignité et une intelligence que l'on croyait autrefois être le privilége de quelques hommes seulement ? Eh bien ! tout cela s'est produit par suite de changements bien lents d'abord, qui ont amené la suppression de l'esclavage, puis du servage qui en avait été la suite, enfin, par la liberté pour tous de travailler et de conserver tout le produit de son travail.

Tous les bienfaits de l'émancipation du travail sont loin encore de s'être produits, parce que cette émancipation n'est pas complète ; mais elle est en bonne voie, et le progrès déjà acquis est la garantie de celui à acquérir.

§ 7. — La science appliquée à l'industrie.

Au temps où le travail était exclusivement délaissé aux esclaves ou aux serfs, l'instruction était un privilége réservé aux nobles, et plus particulièrement aux prêtres et aux membres des divers ordres religieux. Le travail était à peu près purement manuel, c'est-à-dire que tout s'exécutait à la main, avec un outillage presque nul et très défectueux. On se figure aisément ce que pouvait être la production et ce qu'était l'industrie dans ces temps malheureux.

L'agriculture était dans les mêmes conditions, et le genre humain végétait misérablement sur notre globe où la Providence lui prodiguait tous les biens capables de le rendre heureux. Sans route pour communiquer d'une contrée à une autre, il fallait un mois à un homme pour aller de Paris à Marseille, et le double de ce temps pour transporter les marchandises. L'on peut dire qu'il était plus difficile alors d'aller à Londres que ce n'est aujourd'hui d'aller en Chine, et que les marchandises nous viennent plus vite de New-York qu'elles pouvaient nous parvenir de Lyon ou de Bordeaux. Aussi, les populations étant, pour ainsi dire, attachées au sol sur lequel elles étaient nées, se trouvaient exposées à tous les accidents, à tous les fléaux, sans pouvoir espérer de secours. Si les circonstances climatériques favorisaient le midi d'une abondante récolte et la faisaient manquer dans le nord, la Provence et le Languedoc ne savaient que faire de leur excédant, tandis que la Picardie et la Champagne étaient dépeuplées par la famine. Les incendies, les inondations, les épidémies trouvaient les populations sans défense, les ruinaient et les décimaient tour à tour; et quand nous portons nos regards sur l'état des hommes à ces époques si peu éloignées de nous, nous éprouvons une juste satisfaction en voyant le progrès accompli. Nous comprenons que le travail ait pu être considéré comme un châtiment de Dieu alors qu'il restait stérile et impuissant à garantir le travailleur de la misère et de la mort. Mais peu à peu les connaissances humaines grandissent, la science se débarrasse des langes du merveilleux et s'applique au développement de l'industrie ; l'imprimerie est inventée, la vapeur est découverte; le serf est affranchi et prend place dans la famille humaine ; l'homme rentre en possession de lui-même. — Des routes sont ouvertes, des canaux creusés, le navigateur sillonne les mers, partout l'homme se rapproche de l'homme, les peuples commencent à se connaître.

Dans l'industrie, le travailleur affranchi, voyant son travail lui appartenir, perfectionne ses outils, déploie une plus grande activité, et augmente partout la production et le bien-être. La science vient à son aide, et appliquant les lois de la mécanique à de nombreuses combinaisons, de puissantes machines vont remplacer dans les ateliers l'outil incommode ; la vapeur leur donnera une puissance immense; telle qu'une seule machine pourra produire le travail de plusieurs centaines d'ouvriers.

§ 8. — Invention et perfectionnement des machines, leur application à l'industrie.

L'invention de l'imprimerie au xv⁰ siècle fit une révolution dans l'instruction en permettant de reproduire, à un nombre infini d'exemplaires et à bon marché, les livres qui, jusque-là, devant être copiés à la main, ne pouvaient être à la portée que d'un petit nombre de riches ou des corporations religieuses.

La découverte de la vapeur, au commencement du xix⁰ siècle, fait, dans le monde, une révolution plus grande encore. Sa puissance, utilisée pour faire fonctionner des machines, d'une force de 3, 4, 5 et 600 chevaux, produit des résultats qui étonnent l'imagination. Nous parlions tout à l'heure du temps où il fallait deux mois pour voiturer à grand'peine les marchandises depuis Marseille jusqu'à Paris ; aujourd'hui, grâce à la vapeur, aux machines et aux chemins de fer, une seule machine avec trois hommes parcourt la même distance en 30 heures, emportant à sa remorque une masse de voitures et de marchandises que cent chevaux n'auraient pu traîner sur les routes ordinaires, et les voyageurs peuvent aller commodément de Paris à Lyon en 9 heures et à Marseille en 16.

La vapeur et les machines ont amené ou sont appelées

à amener les mêmes changements dans les autres industries que dans celle des transports. Les ateliers se transforment en usines où la plus grande partie du travail, exécuté hier encore à la main par de nombreux ouvriers, se fait aujourd'hui par une machine mue par la vapeur, et comme son mouvement est toujours régulier, qu'il est dix fois, cent fois même, plus rapide que celui de l'ouvrier le plus habile ; qu'on peut lui donner toute la puissance nécessaire, il en résulte que la machine fait souvent mieux et beaucoup plus vite que ne peuvent faire les bras de l'homme ; qu'une seule machine peut remplacer des centaines d'ouvriers et qu'une multitude de travaux, qui n'auraient pu se faire à la main, se font avec une merveilleuse facilité avec ces puissants auxiliaires. On perce, on rabote la fonte et l'acier aussi facilement que le bois ; pour celui-ci, on le débite et on le rabote également avec des machines à l'aide desquelles un seul ouvrier fait, en dix heures de travail, ce que cent n'exécuteraient qu'avec peine dans le même temps.

Des masses de fer incandescent, pesant plusieurs milliers de kilogr., sont prises dans le foyer de la forge avec la grue et transportées sur l'enclume où des pilons de 15, de 20,000 kilogrammes, manœuvrés par un enfant, les écrasent et les façonnent avec la même facilité qu'un homme façonne une motte de beurre. Il n'y a pas de plus magnifique spectacle que celui que présentent toutes ces machines en mouvement et tous ces ouvriers intelligents, surveillant et dirigeant la marche de la machine, remplaçant la pièce faite par une nouvelle, mais tout cela sans peine et sans fatigue. On voit que ce n'est plus la force musculaire qu'il faut à ces travailleurs, mais la force intellectuelle.

Et si nous considérons que nous en sommes encore au début pour l'application des machines à l'industrie, on prévoit que de nombreuses applications nouvelles seront faites dans toutes les branches du travail humain, et que celui-ci devra subir une transformation radicale dans son organisation.

L'application des machines à l'industrie entraîne des conséquences immédiates qui bouleversent toute l'économie sociale : d'un côté augmentation de la production, abaissement du prix de la main-d'œuvre ; de l'autre diminution de travail, c'est-à-dire que les machines abrégent le travail comme cent et la consommation n'augmentant pas dans la même proportion, il reste moins de travail à faire par l'ouvrier. Ces conséquences, dans l'état actuel de notre organisation industrielle, doivent nécessairement occasionner un certain désordre : si la machine remplace les bras de l'ouvrier, si une seule peut produire autant que cent travailleurs, il en résulte nécessairement que ceux-ci seront remplacés par la machine qui coûtera moins et produira à plus bas prix. — Lorsqu'un fabricant introduit une machine dans son atelier, il obtient, suivant les cas, une économie de main-d'œuvre d'un quart, d'un tiers, de moitié, quelquefois du double et souvent beaucoup plus. Ce sera une source de très gros bénéfices pour lui s'il conserve ses mêmes prix de vente ; car sa machine va lui faire avec cinq ou dix ouvriers autant de travail que cinquante ouvriers pouvaient en produire chaque jour. Il va donc en supprimer quarante qui lui coûtaient 200 francs par jour et les remplacer par sa machine qui lui en coûtera à peine 10 fr.

Nos quarante ouvriers supprimés sont obligés d'aller

chercher de l'ouvrage ailleurs, dans d'autres ateliers, de leur profession, ou d'en changer; mais une nouvelle profession ne s'apprend pas du jour au lendemain, et pour apprendre, il faut rester longtemps à se contenter de gagner peu, alors que les besoins de la famille restent les mêmes quand ils n'augmentent pas; puis toutes les professions ont le nombre d'ouvriers que réclame le travail à faire; chacun des ouvriers supprimés par la machine ira donc forcément offrir son travail dans les autres ateliers de sa profession, et si l'on n'a pas besoin de lui; si d'un autre côté sa femme et ses enfants qui ne comptent que sur son salaire pour vivre, se trouvent sans pain, il sera nécessairement amené à offrir son travail à plus bas prix pour qu'on l'occupe, et se trouvera ainsi contraint à provoquer lui-même la diminution des salaires, à laquelle le patron est nécessairement trop disposé pour ne pas y pousser de son côté, et cela, malgré le bon cœur et tous les bons sentiments dont on le supposera doué; car il est facile à son confrère, armé d'une machine qui lui procure les gros bénéfices que nous avons vus, de baisser ses prix de vente pour accaparer la clientèle, et il ne restera aux autres fabricants d'autres ressources que de diminuer les salaires pour obtenir un prix de revient qui leur permette de soutenir la concurrence, ou d'introduire à leur tour des machines dans leurs ateliers en supprimant les ouvriers qui coûtent trop cher!

Mais que deviendront ces ouvriers? comment pourvoiront-ils aux besoins de leurs familles? Terrible problème, quand il se pose au père, en face d'une femme et de trois ou quatre petits enfants à qui il faut donner du pain!

L'emploi des machines amène forcément l'abaissement du prix des salaires, mais aussi l'abaissement du prix de vente. D'un autre côté, il augmente la consommation, en mettant les objets fabriqués à la portée d'un plus grand nombre et exige par conséquent une plus grande production, ce qui rétablirait l'équilibre, si elle n'était empêchée par une conséquence nouvelle : l'augmentation des matières premières. — A mesure que la consommation s'étend, il faut se procurer de plus grande quantité de matières premières; leurs prix suivant la loi générale augmenteront en proportion de la demande. Les cuirs, les laines, la soie, le bois et les métaux se vendront plus cher et maintiendront les objets fabriqués à des prix élevés proportionnellement à celui des salaires, de telle sorte que les objets de consommation restent toujours trop cher pour le travailleur.

Telles ont été les conséquences de l'application des machines à l'industrie; si elles ne justifient pas l'antipathie que la masse des ouvriers a longtemps manifestée contre elles, et que beaucoup d'entre eux nourrissent encore à leur égard, il faut avouer qu'elles l'expliquent bien suffisamment.

La misère à laquelle ils se voyaient réduits eux et leur famille, par suite de l'usage des machines, devait naturellement soulever leur colère. Trop peu instruits pour prévoir les conséquences favorables qu'elles pouvaient amener dans un temps encore éloigné, ils ne voyaient et ne pouvaient voir que leurs souffrances du moment. Cependant, malgré ces souffrances si profondes et si nombreuses, on n'a eu que peu d'actes de violence à regretter ; si, dans des moments de crise, quelques travailleurs se sont laissé entraîner par la colère, et ont brisé quelques-unes des machines auxquelles ils attribuaient la perte de leur travail ou la diminution de leur

salaire, d'autres plus clairvoyants se vouaient énergi-
quement à leur défense; ceux-ci voyaient ou sentaient
instinctivement que ce rival si puissant, qui venait leur
faire concurrence, deviendrait un jour un auxiliaire,
un ami, si je puis m'exprimer ainsi.

Oui! les machines sont des auxiliaires destinés à
aider les ouvriers, à diminuer leurs peines, à augmenter
leur bien-être; c'est l'instrument de leur émancipation;
ce sont elles qui en feront de véritables citoyens, des
hommes indépendants et libres!

Et pour amener cet heureux changement, ce magnifique résultat, il faut si peu de chose! Il ne faut ni révolution, ni grève, ni agitation quelconque. Le gouvernement n'a aucunement besoin de se déranger, s'il ne
le juge pas à propos.

Mais il faut aux travailleurs un peu d'intelligence, de
l'initiative et beaucoup de bonne volonté.

Un mot résume tout cela et indique la solution du
problème, ce mot c'est : — *Association !*

Oui, l'association! c'est elle qui affranchira le travailleur, qui l'élèvera à la dignité d'homme libre, qui fera
entrer l'aisance dans sa famille et facilitera le développement intellectuel et moral de tous ses membres. C'est
par elle qu'il acquerra les machines qui lui font concurrence aujourd'hui et qu'il s'en fera des auxiliaires.
C'est par elle, et par elle seulement, qu'il s'assurera la
propriété de son travail, propriété qui, on nous l'accor-
dera, est bien aussi légitime que toute autre.

Mais, nous dira-t-on, l'association n'est pas une chose
nouvelle, on en a formé un grand nombre depuis 1840;
beaucoup n'ont eu qu'une existence éphémère, presque
toutes se sont dissoutes, et celles qui restent n'ont pas
produit les merveilleux résultats que vous annoncez.

Tout cela est vrai, sous certain rapport, et nous en examinerons tout à l'heure les causes ; mais auparavant, jetons un coup d'œil sur l'organisation actuelle du commerce et de l'industrie.

CHAPITRE II.

§ 1er Organisation de l'industrie et du commerce.

Avant notre Révolution de 1789, les ouvriers et les maîtres, dans chaque corporation, étaient organisés en corps de métiers ayant chacun leur règlement ou sorte de constitution particulière qui établissait une hiérarchie et imposait certaines conditions pour devenir maître, notamment, le payement de divers droits qui s'élevaient ensemble à une somme relativement assez considérable pour qu'il fût bien difficile à l'ouvrier ou compagnon de la réaliser ; aussi n'étaient-ce guère que les fils de maîtres qui succédaient à leurs pères et continuaient leur industrie, ou bien qui, aidés par eux, pouvaient fonder de nouveaux établissements. Cette organisation créait un véritable privilége en faveur des maîtres et dégénérait pour les travailleurs en une oppression intolérable.

Notre immortelle Révolution fit disparaître ce privilége avec les autres, établit en droit l'égalité entre le maître et l'ouvrier, et donna à ces derniers la liberté de travailler et de s'établir, de devenir maîtres quand et comme bon leur semblerait ; ce fut là un des grands bienfaits de cette glorieuse Révolution, car c'est à elle que nous devons le

développement et la prospérité de notre industrie natio-
nale ; c'est grâce à cette liberté du travail que de simples ouvriers sont devenus des industriels de premier
ordre, ont amassé de grandes fortunes, et voient leurs
descendants occuper aujourd'hui les plus hautes fonctions dans l'État. Soyons donc reconnaissants envers
cette Révolution qui a permis que les plus petits
d'entre nous puissent arriver, par leur seul mérite, au
premier rang ; sans elle, sans cette liberté du travail, que d'hommes qui sont devenus magistrats, dé-
putés, pairs de France, etc., qui, privés de l'éducation
et de l'instruction, que la fortune acquise par leurs
pères a mises à leur disposition, n'auraient été que de
mauvais cordonniers, de médiocres tailleurs, ou servi-
raient d'aides aux maçons?

Conservons donc soigneusement cette précieuse liberté, non pour arriver nous-mêmes ou pour faire arriver
nos enfants à ces hautes fonctions dans le gouvernement du pays ; mais parce qu'elle est la garantie de notre
indépendance et qu'elle seule peut assurer à tous et à
chacun le fruit de son travail. Gardons-nous donc de
solliciter, sous quelque forme que ce soit, la réorga-
nisation des corporations ; car si le régime de la liberté
a ses inconvénients, ils sont légers comparativement
aux maux qu'engendrent les priviléges.

Aucune institution humaine n'est absolument par-
faite, et les lois les meilleures ont toujours besoin de
modifications après un certain temps; c'est une conséquence du progrès qui implique de constantes améliorations dans tout ce qui dépend de l'activité de l'homme.
Le régime inauguré après 89, modifié et réglementé
par les Codes promulgués de 1802 à 1808, modifiés

eux-mêmes par des lois particulières votées à différentes époques, attestent combien les législateurs reconnaissent cette nécessité des améliorations progressives. Dès que les associations seront devenues plus nombreuses, il paraîtra évident que les lois commerciales peuvent et doivent être modifiées dans un sens plus libéral, et elles le seront certainement. En attendant, telle qu'elle est, notre législation permet aux associations de se constituer et de se développer dans une certaine mesure.

Le Code civil règle les conditions de la société civile qui pourrait convenir à une association de cultivateurs ; le Code de commerce reconnaît et règle quatre espèces de sociétés commerciales qui sont toutes en usage et d'une application constante, car il existe un très grand nombre de sociétés commerciales qui comprennent un plus ou moins grand nombre d'associés. Nous examinerons tout à l'heure en quoi elles sont semblables aux associations ouvrières et en quoi elles en diffèrent ; mais auparavant voyons quelles sont les conséquences de la liberté du travail développé par l'esprit individualiste.

§ 2. La liberté du travail et l'individualisme.

Nous avons dit que la Révolution de 89, en inaugurant la liberté du travail par la suppression des corporations, jurandes, etc., avait rendu un immense service au pays en ouvrant la voie à une prospérité sans limite ; nous avons dit que, grâce à cette liberté, des hommes sortis des rangs du peuple, de simples travailleurs, s'étaient élevés par leur mérite aux plus hauts rangs de la fortune et des dignités sociales. Ajoutons encore que c'est à cette liberté que nous devons aussi le développement de la bourgeoisie qui, peu nombreuse et sans influence avant 89, est devenue toute-puissante par le nombre et par la fortune. Ce sont là incontestablement des conséquences heureuses du nouvel ordre de choses; mais il y a une contre-partie qu'il faut voir aussi pour se rendre compte de la situation où nous sommes arrivés.

Les guerres de la Révolution et de l'Empire, en moissonnant la population mâle, ne laissaient pas le temps d'apprécier toutes les conséquences du nouveau régime industriel. On manquait de bras, les machines étaient presque inconnues, la vapeur nous manquait encore et les débouchés nous auraient fait défaut pour écouler l'excédant de nos produits si nous en avions eu un. Il a fallu quarante années de paix pour que l'on s'aperçoive qu'il ne suffit pas de détruire les institutions vieillies par le temps, mais qu'il est nécessaire de les remplacer par de nouvelles répondant aux besoins nouveaux. Tant que la guerre a duré, le pays, occupé à se défendre ou à conquérir, s'embarrassait peu du travail; mais la paix rétablie, il fallut quitter l'uniforme et le fusil, reprendre la blouse et rentrer à l'atelier. Pendant les premières années, le petit nombre d'ouvriers que l'on avait pu former était insuffisant pour satisfaire aux besoins de la consommation; le travail était demandé et convenablement rétribué; la position des travailleurs était tolérable. Cependant, la population augmente rapidement, le goût du travail se développe à la vue du bien-être qu'il procure, et les ouvriers ne tardent pas à devenir *trop nombreux*; c'est l'expression que j'ai souvent entendue dans les ateliers, et les malheureux ouvriers ajoutaient : « Il faudrait une bonne guerre pour en diminuer le nombre, » sans réfléchir que ce serait leurs frères ou leurs fils qui sortiraient de l'atelier pour aller mourir sur les champs de batailles et diminuer le nombre des travailleurs. Mais la guerre ne venant pas, les machines commençant à se répandre et à faire concurrence aux ouvriers déjà trop nombreux, les salaires s'abaissent graduellement et la misère augmente; ils veulent se réunir et s'entendre pour défendre leur propriété, l'existence de leur famille, mais la loi défend les coalitions, on les arrête, et ils sont condamnés à la prison.

C'est alors que l'on commence à s'apercevoir de l'isolement dans lequel se trouve le travailleur et des dangers que cette situation lui fait courir. Aucun moyen légal ne lui est ouvert pour défendre sa cause, pour stipuler les conditions de son travail. Tant que celui-ci a été demandé, il a pu en obtenir un prix raisonnable; mais du moment qu'il doit aller l'offrir, le patron devient l'arbitre de sa destinée; c'est lui qui décide ce que l'ouvrier gagnera, et la force des choses, les besoins de la concurrence, le porteront naturellement à réduire le salaire aux dernières limites. Et ces limites seront calculées, non plus sur la valeur réelle du travail, mais sur le strict nécessaire pour l'existence et l'entretien, au jour le jour, des forces du travailleur. Quant à son avenir en cas de vieillesse, de maladie ou de chômage, ce n'est pas l'affaire de l'industriel qui doit produire au plus bas prix, pour soutenir la concurrence; aussi, quand viennent les moments de crise, soit que le travail se ralentisse, soit que les prix des substances alimentaires s'élèvent, le travailleur chargé de famille ne peut plus vivre qu'à l'aide de la charité publique ! Cette triste perspective et la marche natu-

relle des choses, c'est-à-dire le développement du principe sur lequel repose l'organisation de notre industrie,
ont amené une conséquence contre laquelle elle se dé-
battrait vainement, si elle ne s'organisait sur des bases
nouvelles. — Après que la Révolution eût fait disparaitre
toutes les entraves, tous les liens des anciennes corporations, il se produisit naturellement une réaction
contre toute idée d'organisation de ce genre. Le *chacun
pour soi, chacun chez soi*, fut inauguré dans la pratique
bien avant d'avoir été proclamé par les coryphées de
l'économie officielle, et chacun usait avec empressement
de la liberté qu'il avait de devenir maître, de s'établir
et d'exploiter lui-même son industrie. Longtemps on
n'a eu qu'à constater les bienfaits de cette liberté et ces
bienfaits sont aussi grands que nombreux ; mais il fallait bien finir par rencontrer les inconvénients, et
ceux-ci se dérouleront maintenant chaque jour avec
une force nouvelle.

L'ouvrier put d'abord facilement s'établir ; l'outillage
d'un atelier était peu considérable et peu coûteux, les
affaires peu nombreuses, peu compliquées et se faisant
pour la plupart au comptant, il ne fallait ni un grand
capital, ni un grand savoir pour monter et diriger une
maison. Toute la comptabilité de la majeure partie de
ces industriels était dans leur tête, et c'est là aussi que
se chiffraient tous les calculs de leurs plus grandes
combinaisons. On trouve encore de nos jours quelques
vétérans de cette heureuse époque qui ne comprennent
pas de quelle utilité peut être un livre de commerce et
qui nous disent sentencieusement : « J'ai fait ma for-
« tune sans jamais rien écrire, et vous autres, vous
» vous ruinez en écrivant. » Cela n'est que trop vrai,

mais cela tient à des causes que nos braves devanciers n'aperçoivent pas; cela tient d'abord à leur propre succès qui, en augmentant la prospérité générale, a donné plus d'étendue aux affaires : puis au crédit qui s'est développé peu à peu et sans lequel nous tomberions aujourd'hui dans un état de misère et de décadence très rapide ; la masse des métaux précieux que nous possédons n'étant pas en rapport avec la masse d'affaires qui se traitent, celles-ci diminueraient de moitié, peut-être plus si nous en étions privés. Puis au développement de l'instruction qui a formé des industriels intelligents, capables et entreprenants qui, par des combinaisons nouvelles, par l'application des machines, etc., sont arrivés à multiplier les produits, à les perfectionner, tout en diminuant leur prix de revient.

Les conditions générales des affaires se sont transformées complétement ; aussi la facilité avec laquelle l'ouvrier pouvait s'établir et prospérera-t-elle disparu. Aujourd'hui, pour avoir des chances de réussir, soit comme fabricant, soit comme marchand, il faut de gros capitaux, une véritable capacité commerciale que bien peu de travailleurs possèdent. Les aptitudes que peuvent avoir un grand nombre d'entre eux leur sont sans utilité, s'il n'ont pas l'argent nécessaire pour acheter les machines et le coûteux outillage d'une fabrique, ou l'approvisionnement considérable de marchandises variées qu'il faut pour garnir un magasin et faire le crédit indispensable pour obtenir une clientèle. Et cependant jamais le désir de *s'établir* n'a été plus général et plus ardent; jamais plus de tentatives n'ont été faites pour sortir de la condition de *salarié*; c'est qu'aussi jamais les ressources de ces derniers n'ont été aussi insuffisantes par rapport aux besoins de la vie; c'est que, à mesure que l'instruction se répand, on comprend mieux tout ce qu'il y a de précaire et de dépendant dans la position du salarié. Malheureusement, les tentatives faites pour en sortir ne réussissent plus et ne peuvent plus réussir, précisément à cause de leur nombre, et aussi parce que les ressources manquent à ceux qui les font. En effet, la plupart de ceux qui s'établissent sont sans capital ou n'ont qu'un capital insuffisant; ils comptent sur le crédit que leur honorabilité leur fait obtenir assez facilement; mais c'est là l'écueil qui cache le précipice où s'engloutiront leurs espérances et peut-être leur honneur.

Cependant, cette perspective et ces dangers n'arrêtent pas l'ardeur et l'impatience de chacun pour sortir de l'état de salarié; c'est une sorte de course au clocher où tout le monde se précipite, et dont la chute des premiers venus n'arrête pas la course des suivants qui tombent à leur tour, et n'en sont pas moins suivis par d'autres.

Mais, nous le déclarons et nous le dirons sans cesse, un tel état de choses présente un danger social des plus sérieux auquel il faut à tout prix trouver un remède. Il détériore les mœurs du pays en forçant une quantité considérable de gens à s'habituer à l'idée de ne pas remplir leurs engagements. Il menace d'anéantir le crédit en détruisant la confiance qui en est la base; il tend à faire élever de plus en plus le prix de tous les objets de consommation par les chances aléatoires que présente le commerce, et comme cette surélévation de prix, au lieu d'être un signe de la prospérité générale, n'est au contraire que l'effet de la misère publique, elle ne peut que tendre à l'augmenter encore.

Pour nous, nous ne voyons à cette situation qu'un remède : l'*Association*.

CHAPITRE III.

§ 1. — Des sociétés commerciales.

Nous avons dit que le Code de commerce reconnaît et détermine les conditions de quatre espèces de sociétés commerciales ; ce sont : les sociétés anonymes, les sociétés en commandite, les sociétés en noms collectifs et les sociétés en participation.

La société anonyme ne peut se fonder qu'avec l'autorisation du Gouvernement ; son capital se divise par actions de même valeur, au porteur ou nominatives : elle est administrée par un conseil nommé par les actionnaires et qui ne sont responsables que de l'exécution de leur mandat. Ce genre de société convient aux grandes entreprises financières et industrielles, telles que : la Banque de France, le Crédit foncier, les Compagnies d'assurance et les Compagnies de chemins de fer.

Les sociétés en commandite s'établissent sans l'autorisation préalable du Gouvernement : leur capital peut se diviser, comme celui des sociétés anonymes, en actions au porteur ou nominatives, et, comme dans cette dernière, les actionnaires ne sont responsables des dettes de la société que jusqu'à concurrence du montant des actions souscrites. Mais elles sont administrées par un ou plusieurs gérants responsables qui sont engagés à l'égard des créanciers pour le montant total des dettes de la société. C'est ce qui constitue la principale différence entre la société en commandite par actions et la société anonyme, dont les administrateurs ne sont responsables comme les simples actionnaires que du montant de leurs actions. Il y en a cependant une seconde, c'est que les sociétés anonymes sont dénommées par l'objet qu'elles se proposent, tandis que les sociétés en commandite peuvent bien se dénommer aussi par leur objet ou par un titre quelconque. Mais elles doivent, en outre, avoir une raison sociale, c'est-à-dire qu'elles doivent légalement porter le nom d'un ou de plusieurs gérants responsables.

La forme de la commandite est celle qui est le plus généralement adoptée : il existe un grand nombre de sociétés en commandite par actions qui ont un capital considérable et de nombreux actionnaires ; mais il y en a plus encore dont le capital n'est pas divisé par actions et qui ne renferment qu'un petit nombre d'intéressés qui ont une commandite plus ou moins forte et inégale. C'est ce qu'on appelle la commandite simple.

La société en noms collectifs est aussi très en usage ; cette forme de société se compose ordinairement de deux ou trois associés, rarement de quatre ou cinq, et presque jamais plus, bien que la loi ne détermine pas plus le nombre d'associés que peuvent avoir les sociétés en noms collectifs qu'elle ne détermine celui des sociétés anonymes ou en commandite. Comme cette dernière, la société en noms collectifs doit avoir une raison sociale ; mais elle en diffère essentiellement en ce que chaque associé est solidairement et personnellement responsable de tous les engagements et de toutes les dettes de la société ; c'est pourquoi le nombre des associés est toujours restreint, car il serait imprudent, en effet, d'accepter une telle responsabilité à l'égard d'un trop grand nombre de personnes qui pourraient à leur gré compromettre votre fortune.

La société en participation est beaucoup moins pratiquée que les deux précédentes. Elle ne se forme le plus souvent que pour un temps limité et très court ; pour une affaire spéciale et sans suite pour d'autres.

Toutes ces associations se forment en vue de faire un commerce ou d'exercer une industrie pendant un temps plus ou moins long, suivant les besoins de l'entreprise ou la convenance des associés. Dans la plupart des cas, ces sociétés sont de simples associations de capitaux, surtout dans les sociétés en commandite par actions et dans les sociétés anonymes. D'autres fois, ce sont de véritables associations où la fortune et la personne même de l'associé se trouve engagées. C'est ce qui a lieu dans les sociétés en noms collectifs.

§ 2. — La vapeur propage le principe d'association.

Nous avons vu quels changements se sont produits dans l'industrie et même dans toutes les branches de l'activité humaine, depuis la découverte de la vapeur. Nous l'avons vu centupler les forces de l'homme, rapprocher les distances et mettre en rapports journaliers des peuples qui se connaissaient à peine. L'électricité, après avoir longtemps épouvanté nos ancêtres, est devenue notre captive, et, nous obéissant avec une docilité merveilleuse, elle transporte nos ordres d'un continent à l'autre avec la promptitude de l'éclair. Plus rapide que la vapeur, nous n'avons pas encore pu lui en donner la force ; mais les tentatives heureuses qui ont déjà été faites nous font prévoir qu'un jour, peut-être peu éloigné, elle concourra comme elle au travail de l'homme et augmentera encore la somme de puissance dont il dispose déjà.

Parmi les conséquences de la découverte de la vapeur, il faut placer en première ligne le développement du principe d'association. En vain les philosophes et les moralistes auraient-ils prêché l'union, la solidarité, l'association, quelques hommes au cœur chaud, aux sentiments généreux, auraient pu les écouter et les suivre ; mais ils auraient certainement échoué auprès de la masse des favoris de la fortune. Nous associer, auraient-ils dit, pourquoi faire ? Mettre nos intérêts en commun avec des gens que nous ne connaissons pas ? fi donc ! Eh bien ! ce que le philosophe n'aurait su faire, la vapeur l'a réalisé. Elle a fait que le propriétaire s'associe avec son portier ou le commissionnaire du coin de la rue pour construire un chemin de fer, creuser un canal, monter une usine, etc., etc. ; que le banquier soumet son compte de gestion à son épicier, à son tailleur, que sais-je, à son valet de chambre et à son cocher.

Ah ! c'est une terrible propagandiste que la vapeur !

C'est elle qui a amené la formation de ces grandes sociétés où se coudoient toutes les classes de la société pour n'en former qu'une, l'associé ou l'actionnaire. C'est elle qui, en modifiant, en changeant les procédés industriels, bouleverse toute l'ancienne organisation du commerce comme de l'industrie. Avant la vapeur, on ne voyait que de petits ateliers, de petits magasins; de petites affaires se faisant individuellement, avec un petit capital; aujourd'hui la vapeur oblige le fabricant et le commerçant à opérer avec un capital qui formerait, pour un seul, une fortune considérable, et ne peut se constituer que par l'association de plusieurs familles. L'association constituait alors une rare exception, elle se généralise de plus en plus et tend à devenir la règle.

§ 3. — La société commerciale est le précurseur de l'association ouvrière.

Nous ne savons pas quel peut être le nombre des sociétés commerciales qui existent en France, mais il doit être très considérable. Il ne s'en forme pas moins de douze à quinze cents chaque année, pour le département de la Seine seulement, qui remplissent les formalités légales de publication; nous estimons qu'il y en a bien autant qui se forment sans se constituer régulièrement, et nous ne serons pas au-dessus de la vérité en portant à 2,500 le nombre des sociétés qui s'établissent chaque année à Paris. Mais il faut bien le dire, ces sociétés n'ont pas le caractère des associations telles que nous les comprenons, bien qu'au fond elles poursuivent le même but.

Il faut distinguer dans les sociétés commerciales deux espèces d'associations; d'une part, les sociétés par actions; d'autre part, les sociétés en noms collectifs, en commandite simple ou en participation.

Dans les deux premières, le capital se divisant par action, le premier venu peut devenir associé et jouer un certain rôle dans la société en en achetant un plus ou moins grand nombre d'actions. Les associés ne se choisissent pas mutuellement, et le hasard peut réunir dans la même société des hommes aux idées les plus opposées. L'on ne peut guère les considérer comme de véritables associés, car il n'y a en réalité d'associé que la somme d'argent que chacun a versée dans la caisse commune.

Il n'en est pas de même dans les sociétés en noms collectifs et en participation. Là, les hommes sont effectivement associés ; ils n'engagent pas seulement une partie de leur capital, ils engagent encore leur personne. Dans le premier cas, c'est un capital qu'on associe pour faire une entreprise quelconque; dans le second, ce sont des hommes qui s'associent pour travailler en commun.

Les associations ouvrières réunissent ces deux modes de société et offrent, par conséquent, la double garantie que présentent les divers genres de sociétés commerciales. Elles peuvent être définies par ces mots: *Association de travail et de capital.* Elles sont donc de véritables sociétés commerciales dont l'établissement est parfaitement régulier au point de vue légal. Ce n'est pas une institution nouvelle, c'est le développement nécessaire de nos mœurs et de nos habitudes commerciales, c'est la conséquence naturelle de l'invention de l'imprimerie, de la découverte de la vapeur, de l'électricité, etc., etc., et surtout de l'emploi des machines dans l'industrie. La société commerciale, c'est l'association en petit ; c'est le tâtonnement, l'essai, l'apprentissage de la grande association.

CHAPITRE IV.

§ 1er. Ce que sont aujourd'hui les associations ouvrières.

L'idée des associations ouvrières ne remonte guère au delà de 1830 et la première tentative de réalisation paraît être celle qui fut faite par des ouvriers menuisiers vers la fin de 1831. Dire que cette première tentative ne fut pas heureuse, c'est répéter l'histoire de toutes les réformes. Elles ne s'effectuent pas tout à coup, mais seulement après de nombreuses expériences desquelles se dégagent les principes sur lesquels elles doivent définitivement reposer. C'est ainsi que l'homme acquiert toutes ses connaissances, c'est la base de toutes les sciences, de la science sociale aussi bien que des autres.

Parmi les premiers essais d'association, il faut citer celui des ouvriers rubaniers à Saint-Étienne, en 1840, qui fut contrarié dans sa fondations par des poursuites judiciaire, et fut obligé de se dissoudre. Jusqu'alors l'idée des associations ouvrières était peu connue, avait peu de partisans ; mais la publication de l'*Organisation du travail* de Louis Blanc leur fournit un élément de propagande parmi les travailleurs ; cet ouvrage fut lu avec empressement par toutes les classes de la société, adopté avec enthousiasme par les uns, repoussé avec colère par les autres ; il obligea tout le monde à discuter la question des associations, et sans examiner la valeur intrinsèque de ce petit livre, on peut affirmer qu'il a rendu un grand service aux travailleurs.

Cependant nous ne connaissons aucune tentative sérieuse d'associations faites de 1840 à 1848. On doit, selon nous, attribuer cette sorte d'abstention au peu de sympathie que le Pouvoir d'alors montrait pour les associations en général. Ce n'est qu'au lendemain de la révolution de Février qu'on put voir tout le chemin que la propagande avait fait faire à l'idée d'association. Dans les premiers mois qui suivirent, il s'en établit un grand nombre; quelques-unes, comme les tailleurs et les selliers, avec un personnel de trois à quatre cents membres, pris au hasard parmi les ouvriers sans travail. On comprend aisément que l'ordre le plus parfait ne régna pas tout d'abord dans l'administration, et l'agglomération d'un aussi grand nombre d'individus dont la plupart ne se connaissaient pas la veille, dont beaucoup n'avaient aucune idée de l'association, des droits et des devoirs de chaque associé, etc., ne pouvait guère faire espérer un bon résultat. — Si encore, pour diriger ces masses mal préparées, il y avait eu à leur tête quelques hommes expérimentés dans les affaires, habitués à l'administration. Mais non, ce concours leur manqua, et ce furent des ouvriers, de simples travailleurs, qui durent quitter leur établi pour prendre la direction d'une aussi grosse affaire. C'était mal débuter et s'exposer à un insuccès presque certain.

Dans beaucoup d'autres professions, les associations s'organisèrent aussi à la hâte, on ne fut généralement pas difficile sur le choix du personnel qui, presque partout, laissa considérablement à désirer; mais, moins nombreux que celui des tailleurs et des selliers, il fut plus facile à discipliner.

L'Assemblée constituante, voulant encourager les associations, vota, le 5 juillet 1848, un crédit de trois

millions destiné à commanditer les associations ouvrières en mettant à leur disposition le capital nécessaire pour acquérir les instruments de travail. — C'était trop ou trop peu. — Trop, parce qu'il ne nous
semble pas que le gouvernement du pays doive commanditer les associations plus que les patrons; trop
peu si l'on voulait sérieusement provoquer un mouvement socialiste et faire sortir cette forme d'organisation
de l'industrie comme conséquence de la Révolution.
Ce qui prouve combien ce crédit de trois millions était
insuffisant, ce sont les cent millions promis à l'industrie
par le Gouvernement impérial, après le traité de commerce avec l'Angleterre, pour renouveler l'outillage des
grandes fabriques et les mettre à même de soutenir la
concurrence contre les fabricants anglais. Cependant,
malgré l'insuffisance de ce chiffre de trois millions, la
moitié seulement ou à peu près fut employée à sa destination. Soit que la commission chargée d'accorder
des avances aux associations n'ait pas trouvé assez de
garanties chez celles qui lui en adressaient la demande,
soit que le Gouvernement ait compris qu'il était entré
dans une mauvaise voie, soit enfin que ses sympathies
pour les associations se trouvassent diminuées, toujours
est-il qu'une partie considérable de ce mince crédit est
restée disponible.

Il est difficile de dire le nombre des associations qui
se formèrent dans la période de 1848 à 1852. Paris en
avait à lui seul un très grand nombre ; beaucoup de
villes de province avaient suivi l'exemple et en possédaient plusieurs. — Quelques-unes n'ont eu qu'une
existence éphémère, mais le plus grand nombre existait
encore au 2 décembre 1851. Très-peu, en province surtout, purent résister à la situation qui leur fut faite

après cet événement. Celles qui n'avaient pas une existence légale durent se dissoudre; quelques, autres dont le personnel fut décimé, furent obligées de se liquider. Enfin, d'autres continuèrent courageusement l'œuvre commencée. Honneur à elles, car en persévérant elles ont gagné la cause des associations, elles ont complété l'expérience par une démonstration évidente et un succès incontestable !

L'histoire des associations est certainement un des plus curieux monuments du mouvement social du XIXe siècle. C'est aussi l'un des plus utiles qu'il soit possible d'édifier, nous le tenterons si personne de plus capable ne le fait. En attendant, nous croyons remplir un devoir en publiant la liste des associations qui existent aujourd'hui dans le département de la Seine et sur lesquelles nous avons pu nous procurer quelques renseignements. Et pour mieux résumer ces renseignements nous en avons dressé le tableau suivant:

ASSOCIATIONS et établissements.	DATE de la fondation.	NOMBRE des associés		Auxiliaires à présent.	APPORT social		CAPITAL		CHIFFRE d'affaires à présent.
		en commençant.	à présent.		en commençant.	à présent.	en commençant.	à présent.	
					fr.	fr.	fr.	fr.	fr.
Cloutiers, rue Château-Landon, 8.	1849	20	3	8	0.00	1.000	0.00	16.000	25.000
Facteurs de pianos, rue des Poissonniers, 66.	1849	16	23	12	1.000	10.000	250	163.000	205.600
Ferblantiers, rue de Bondy, 70.	1848	70	20	»	50	2.000	0	90.000	120.000
Formiers, rue Saint-Sauveur, 48.	1848	3	23	6	500	1.000	2	35.000	80.000
Limiers, passage de la Marmite.	1848	14	19	29	2.000	illimité	15.000	120.000	120.000
Lunetiers, rue des Gravilliers, 92.	1849	13	25	150	1.000	15.000	0	120.000	420.000
Maçons, rue Saint-Victor, 155.	1848	17	81	225	1.000	2.000	0	250.000	1.300.000
Menuisiers en bâtim., avenue de Plaisance, 5.	1858	5	3	50	500	1.000	outils de chaque associé	18.000	120.000
Menuisiers en fauteuils, rue de Charonne, 5.	1849	20	50	100	100	2.000	25.029		300.000
Menuisiers en voitures, Rond-point St-Ferdinand des Ternes.	1850	24	11	35	0	10.000	0	64.624	120.000
Ouvriers en lanternes, rue Miromesnil, 44.	1849	21	12	16	200	4.500	0	54.000	120.000
Peintres en bâtiments, Quai d'Anjou, 13.	1857	6	12	25	2.000	2.000	0	24.000	100.000
Serruriers, rue Lenoir, 6.	1850	7	20	2	600	600	1.000	25.000	50.000
Tailleurs, rue Coq-Héron, 1.	1848	40	15	4	50	50	1.000	7.000	40.000
Tourneurs en chaise, rue Popincourt, 32.	1848	18	22	40	500	1.000	315	50.000	200.000
Tourneurs d'essieux, rue Charlot, 8 (Arc-de-Triomphe).	1851	5	5	7	600	600	3.000	80.000	80.000

On voit, par le tableau qui précède, que les associations ouvrières proprement dites ont survécu, qu'elles ont pu traverser nos crises politiques et commerciales malgré l'isolement où elles ont dû vivre.

Les chiffres que nous présentons sont plus éloquents que tout ce que nous pourrions dire en faveur d'une institution qui s'affirme ainsi par des faits. Que les travailleurs comparent le capital de chacune de ces associations à son début avec ce qu'il est aujourd'hui, qu'ils examinent d'un autre côté ce qu'ils ont pu économiser individuellement en travaillant comme salariés et ils pourront juger de quel côté est leur avantage. Et remarquons que chaque année la plupart des associations distribuent des dividendes que chaque associé reçoit en espèces. Ce qui vient augmenter dans une proportion considérable la somme que chaque année l'associé reçoit pour représenter le salaire de chaque jour, de sorte que, après avoir reçu mensuellement 4 à 5 francs par jour, il reçoit encore à la fin de l'année un dividende plus ou moins considérable et qui égale quelquefois et surpasse même les prélèvements mensuels.

Faisons une autre remarque importante :

Parmi les associations que nous connaissons et dont nous donnons la liste (car il peut en exister que nous ne connaissons pas), deux seulement ont participé aux avantages que la Constituante de 1848 avait voulu leur assurer en leur faisant un prêt temporaire ; les limiers ou fabricants de limes ont reçu 10,000 fr., les menuisiers en fauteuils 25,000, total 35,000 fr. Ces deux sommes ont été remboursées à l'État comme elles devaient l'être.

§ 2. Pourquoi l'État ne doit pas intervenir dans l'organisation des associations ouvrières.

Nous ne savons pas au juste quelle somme a été disribuée sur les trois millions votés le 5 juillet 1848 pour commanditer les associations ouvrières ; mais nous venons de voir à quel chiffre se réduit la commandite reçue par les associations qui existent encors aujourd'hui. Il est certain cependant que plusieurs autres associations, maintenant disparues, avaient reçu aussi des fond de l'État. Ce qui ne les a pas empêchées de se dissoudre après une existence plus ou moins prolongée, aboutissant à un résultat négatif.

C'est que les associations n'ont pas seulement besoin d'argent pour se fonder ; elles ont encore et surtout besoin d'être composées, dès leur début, d'hommes dévoués, persévérants, énergiques : il faut que les membres aient entre eux une confiance mutuelle ; que le gérant soit bien choisi et qu'il trouve ses associés toujours prêts à le seconder ; qu'il ait leur confiance et qu'il la mérite. Il faut que tous les actes de sa gestion soient inspirés par l'intérêt de la Société, qu'il déploie une grande activité et établisse de l'ordre partout ; dans la comptabilité, dans le travail, dans les affaires. Il faut, pour faire un gérant d'association, un homme intelligent et dévoué, instruit et expérimenté. Or, si les travailleurs trouvent beaucoup parmi eux des hommes à la fois intelligents, dévoués et même instruits, ils en trouvent plus rarement d'expérimentés dans les affaires ; il leur faut presque toujours faire leur apprentissage aux dépens de l'association, et s'ils ne sont pas aidés, s'ils ne peuvent s'appuyer que sur les avis de leurs co-associés encore moins expérimentés qu'eux-mêmes, ils peuvent être entraînés à commettre des fautes qui compromettront la confiance que les associés avaient en eux, et par suite, la bonne harmonie indispensable à la vie et à la prospérité d'une association.

Il n'est pas besoin de démontrer que toutes ces conditions de prospérité échappent à la vue de l'État, ou, si l'on veut, du Gouvernement. Pour les apprécier, il faut vivre au sein des associations, il faut que, par des rapports journaliers, on puisse se rendre compte de la valeur du personnel, des ressources de la profession, de ses besoins, etc., toutes choses qui demandent pour ainsi dire une investigation journalière qu'il est impossible au Gouvernement d'exercer sans que son intervention dégénère en un intolérable despotisme dont le premier effet serait de stériliser le principe d'association.

Cependant, il est très certain, d'un autre côté, que les travailleurs livrés à eux-mêmes ne peuvent que très difficilement se former en Société dans quelques professions et que cela leur est tout à fait impossible dans un grand nombre.

Nous voyons bien que les associations qui existent aujourd'hui se sont presque toutes fondées sans capital; mais quand on lira l'histoire de leurs premières années, on verra qu'il n'est pas bon qu'elles soient toutes soumises aux mêmes épreuves. On y trouvera en même temps la raison pourquoi les associations sont encore en si petit nombre, malgré les aspirations de la masse des travailleurs qui comprennent que là est leur avenir.

En résumé, l'État ne pouvant intervenir dans l'organisation des associations que pour leur prêter de l'argent et ne pouvant le faire qu'en exerçant une surveillance gênante pour elles, et sans avantages réels pour la sureté des intérêts du Trésor, il est mille fois préférable qu'il s'abstienne et se borne à améliorer la loi comme l'a fait déjà le gouvernement anglais.

***

CHAPITRE IV.

—

§ 1ᵉʳ — Comment peuvent s'établir les associations.

Le tableau que nous publions montre que les associations pour s'établir peuvent, à la rigueur, commencer avec un très petit capital. Ce n'est pas en effet le jour où cinq ou six ouvriers commencent à travailler en commun qu'ils ont besoin d'avoir de grosses sommes en caisse : quelques outils que chacun apporte, quelques centaines de francs économisés pendant une bonne saison, peuvent suffire aux premiers achats de matières premières ; mais, ce premier pas fait, il faut marcher encore, et c'est là la difficulté.

Il est bon cependant que les associations débutent avec prudence et économie, et cette manière de commencer nous plaît beaucoup parce qu'elle évite les imprudences qui se commettraient presque certainement si elles disposaient dès le début d'une somme importante ; mais il est bon aussi que les ressources se trouvent toujours proportionnées aux besoins et qu'à mesure qu'elles se développent, elles trouvent à leur disposition les sommes nécessaires aux entreprises qu'elles peuvent faire. Ainsi, un capital trop important dès le commencement porterait nécessairement à des entreprises hasardées. Trop peu, dans la suite, paralyse le développement naturel de l'association, embarrasse son administration, décourage ses membres et amène le désordre là où l'harmonie est nécessaire.

Il est donc bien évident, selon nous, que, pour faire naître une association, il suffit de quelques ouvriers intelligents et dévoués qui prennent l'initiative; s'ils ont de l'ordre, de l'économie, ils se maintiendront et pourront prospérer dans une certaine mesure; mais pour grandir et atteindre le développement que doit avoir une association, il lui faudra trouver un capital de plus en plus considérable pour acheter des outils perfectionnés, des machines et les matières premières à travailler.

Mais où trouver ce capital? à qui l'association naissante peut-elle s'adresser? Cinq à dix ouvriers qui s'établissent sans argent ne connaissent guère de capitalistes qui seraient disposés à leur faire des avances; d'ailleurs, quand ils en connaîtraient qui seraient sympathiques à leur entreprise, comment pourraient-ils se rendre compte des besoins de l'association? Le gérant qui est à leur tête est un parfait honnête homme, très intelligent, mais peut-on avoir entière confiance en sa capacité? Ouvrier hier, le voilà à la tête d'une maison: il veut emprunter pour entreprendre de grandes affaires; mais comment le rentier pourra-t-il s'assurer que ses entreprises ne sont pas mauvaises et qu'il ne risque pas son argent en voulant être utile à l'association? Il lui faudrait pour s'en rendre compte entrer lui-même dans l'examen de l'affaire. Ce sont des soucis et des embarras qu'il ne veut pas se donner, il préfère refuser son concours à une œuvre qu'il voudrait cependant voir prospérer. Comment sortir de cette situation? Comment satisfaire ces deux intérêts du capital et du travail?

§ 2. Crédit du travail.

Ce que l'État et les particuliers isolés ne peuvent pas faire, c'est à l'association à le réaliser. Il faut faire pour le travail ce qu'on a déjà fait pour la propriété foncière et la propriété mobilière, il faut créer le CRÉDIT DU TRAVAIL comme on a créé le Crédit foncier, le Crédit mobilier, le Crédit industriel, le Crédit agricole, etc., etc.; grouper tous les capitaux sympathiques aux associations ouvrières qui ne peuvent aller à l'une d'elles en particulier, mais qui viendront se réunir pour profiter à toutes.

Telle est l'idée que je soumets à mes amis, à tous ceux qui désirent être utiles aux travailleurs, à tous ceux qui veulent leur émancipation par le travail. Cette idée n'est pas nouvelle, elle n'est pas venue à moi seulement, elle appartient à tous ceux qui se sont occupés d'association ; je l'ai trouvée comprise et espérée chez tous les gérants et chez tous les membres d'associations avec lesquels j'ai eu l'occasion de m'entretenir du projet que je formule aujourd'hui. Aussi j'ai la conviction qu'il répond à un besoin bien réel et bien senti. Il me fallait cette double certitude pour me décider à prendre l'initiative d'une telle entreprise.

Il est facile de se rendre compte des services que peut rendre aux associations le Crédit du travail. C'est une banque où elles seront toujours sûres de trouver des ressources proportionnées aux besoins de leurs entreprises. Elles ne seront plus empêchées comme aujourd'hui de prendre des travaux importants, faute d'argent pour les exécuter.

D'un autre côté, le Crédit du travail centralisant les

renseignements commerciaux, pourra leur éviter bien des mécomptes, bien des pertes.

Réunissant dans son conseil judiciaire et dans son conseil d'administration des hommes dévoués ou sympathiques aux associations, elles trouveront auprès d'eux tous les conseils, tous les avis dont elles auront besoin et qui pourront éviter, soit entre les membres des associations, soit entre celles-ci et des tiers, tous les procès inutiles et ruineux, et diriger avec tous les soins convenables ceux qui ne pourront pas être empêchés.

Le contrôle que le Crédit du travail exercera sur les autres associations comme commanditaire sera une garantie d'ordre et de bonne administration pour chacune d'elles ; le gérant y trouvera une appréciation juste et éclairée de sa gestion, qui le mettra à l'abri de critiques souvent injustes de la part de quelques associés trop peu expérimentés dans les affaires pour bien juger les actes de la gérance. — Et ceux-ci trouveront dans le contrôle du Crédit du travail une garantie contre les abus, la négligence ou la mauvaise administration des gérants.

Ce ne sont là cependant qu'une partie des avantages que cette institution est appelée à donner aux travailleurs associés ; mais il est superflu d'énumérer tous ceux qui en découlent naturellement ; comme la création d'une maison de commission pour les produits de toutes les associations, etc., etc. Et l'on comprend que beaucoup d'entreprises impossibles aujourd'hui deviendront faciles avec le développement des associations.

§ 3. — Projet d'association.

Pour réaliser notre projet, nous proposons de former l'association suivante :

Entre les soussignés et tous ceux qui adhéreront au présent acte, il est formé une Société commerciale, en nom collectif à l'égard du Gérant et en commandite à l'égard de tous les autres Associés.

TITRE Ier.

Formation de la Société. — Dénomination et raison sociale. — Sa durée. — Son but. — Siége social.

Art. 1er.— Il est formé, par ces présentes, une Société en nom collectif à l'égard de M. X***, demeurant à
    rue   N°   et en commandite à l'égard de tous ceux qui adhéreront aux présents statuts.

Art. 2. — La Société prend la dénomination de :
CRÉDIT DU TRAVAIL.

Art. 3. — La raison sociale est X*** et Cie.

Art. 4. — La durée de la Société sera de cinquante années, à dater de l'enregistrement du présent acte.

Art. 5. — Le siége social est à Paris, rue
N°

Art. 6. — La Société a pour but de créditer les Associations ouvrières actuellement existantes ; d'aider à la formation de nouvelles Associations dans toutes les branches de l'Industrie, de l'Agriculture et du Commerce, partout où se trouvent des éléments propices ; de leur procurer le crédit nécessaire, d'en surveiller la gestion et de favoriser leur développement.

TITRE II.

Opérations de la Société.

Art. 7. — Les opérations de la Société consistent :
1° à ouvrir un crédit à toute Association ouvrière en voie de formation composée de cinq Associés au moins et qui conformeront leur acte de société aux principes contenus au Titre troisième des présents Statuts ;
2° Faire des ouvertures de crédit aux Associations ouvrières existantes ; escompter et négocier les valeurs commerciales créées ou endossées par elles ;

3° Faire sur Paris, les Départements et l'Étranger tous recouvrements, paiements, commissions, administration et placement de fonds, pour le compte de ses Associés et de tiers; tous achats et ventes, par ministère d'Agents de change, de valeurs françaises et étrangères; et généralement faire toutes opérations de banque;

4° Recevoir en Comptes courants, aux conditions déterminées à l'article 12 ci-après, toutes les sommes qui lui seront confiées.

Art. 8. — Toute Association qui remplira les conditions indiquées au Titre troisième ci-après, pourra obtenir un Crédit dont la quotité, le mode et les conditions seront arrêtés par le Directeur-Gérant de la Société de Crédit du Travail, de concert avec l'Administration de l'Association.

Art. 9. — Le crédit à ouvrir à chaque Association sera déterminé par le nombre des Associés et les chances apparentes de leur entreprise.

Il devra toujours être couvert par des billets à ordre ou garanti par une hypothèque sur les immeubles ou une délégation privilégiée sur le matériel, les marchandises ou les créances de l'Association.

Art. 10. — La Société n'escomptera que les billets créés ou endossés par les Associations qui auront un crédit ouvert.

Elle n'ouvrira de Crédit qu'aux Associations qui seront intéressées dans la Société de Crédit du Travail.

Art. 11. — Le taux de l'escompte sera toujours fixé sur celui de la Banque de France, avec un demi pour cent de commission, en sus pour 90 jours, et le change de place, s'il y a lieu.

Art. 12. — La Société recevra en Comptes courants toutes les sommes qui lui seront confiées soit par ses coassociés, soit par des tiers.

Elle paiera pour ces sommes un *intérêt de trois pour cent* par an.

Elles seront remboursables : pour les sommes de 1,000 francs et au-dessous, dans la huitaine de la demande en remboursement;

Pour les sommes de 1,001 à 5,000 francs, un mois après la demande en remboursement ;

Pour les sommes de 5,001 francs et au-dessus, trois mois après la demande en remboursement.

TITRE III.

Conditions générales de Crédit aux Associations.

Art. 13. — Toute Association déjà existante ou qui se formera, devra, pour obtenir l'ouverture d'un crédit :

1° Être composée de cinq Membres au moins ;

2° Être constituée légalement, conformément aux lois commerciales ; observer dans son acte de société les principes généraux déterminés à l'article 14 ci-après et qui seront communs à toutes les Associations.

Art. 14. — Les principes généraux dont parle notre article 13, que les Associations devront observer dans leur acte de société pour obtenir l'ouverture d'un crédit sont les suivants :

1° Avoir un ou plusieurs Gérants responsables, révocables et rééligibles;

2° Avoir un Conseil de surveillance ;

3° Une comptabilité régulière et constamment à jour ;

4° Chacun de ses Membres devra fournir un apport social qui ne pourra être moindre de mille francs, et dont le versement pourra s'effectuer par fraction et par la retenue des bénéfices;

5° Avoir un fonds de réserve alimenté par un prélèvement sur les bénéfices ;

Art. 15. — Le Crédit du travail prendra un intérêt comme commanditaire dans toutes les Associations qu'il créditera et il exercera sur elles un contrôle administratif, dans l'intérêt et pour la bonne administration de ces mêmes associations, et à l'effet d'assurer une surveillance éclairée sur les actes des Gérants ou Administrateurs de chacune d'elles. En conséquence il pourra se faire représenter aux réunions des Conseils de surveillance et aux réunions des Conseils d'administration de chacune d'elle par un délégué qui pourra présenter des observations et se faire communiquer les pièces et livres de comptabilité nécessaires pour l'éclairer sur la marche et la situation de l'Association. Ce délégué pourra donner son avis; mais ne prendra aucune part aux délibérations. Il fera son rapport au Directeur-Gérant de la Société de CRÉDIT DU TRAVAIL.

Art. 16. — Elle se fera représenter aux Assemblées générales des Associations où le [délégué pourra donner son avis sur la marche de la Société et provoquer, de concert avec les Gérants ou le Conseil de surveillance, toutes mesures jugées utiles à l'intérêt général de l'Association.

TITRE IV.

Fonds social. — Souscription. — Versement.

Art. 17. — Le fonds social de la Société de CRÉDIT DU TRAVAIL est illimité ; il se compose du montant de toutes les souscriptions individuelles.

Art. 18. — Le chiffre des souscriptions est indéterminé , mais il ne peut être moindre de cent francs.

Art. 19. Les souscriptions s'effectuent par l'inscription sur un registre à souche : des noms, qualités et domicile du souscripteur, du montant de la souscription et du versement effectué.

Le récépissé qui sera détaché du registre portera les mêmes mentions que la souche et sera signé par le Directeur-Gérant. Ce récépissé forme titre pour le souscripteur et donne droit d'admission aux Asssemblées générales, conformément à l'article 41.

Art. 20. — Tout Souscripteur doit le total de sa souscription; mais celui qui souscrit pour une somme de deux cents francs et au-dessus peut ne verser que la moitié du montant de sa souscription et conserver provisoirement l'autre moitié entre les mains.

Cette partie des souscriptions conservées par le Souscripteur prend le nom de RÉSERVE SOCIALE.

Tout souscripteur a le droit de se libérer complétement de sa souscription.

Aucune demande de versement sur la réserve sociale ne peut être faite aux Souscripteurs que par une délibération de l'Assemblée générale.

Nul Souscripteur ne peut être obligé à verser tout ou partie de la Réserve sociale qui se trouve en ses mains qu'un an après sa souscription.

Tout Souscripteur qui ne verserait pas, à l'époque indiquée, la partie appelée de la Réserve sociale, en devra l'intérêt à raison de six pour cent par an à partir du jour indiqué comme dernier délai pour faire les versements.

Art. 21. — Toute souscription est faite pour toute la durée de la Société ; en conséquence ni le Souscripteur, ni ses héritiers ou ayants-droit ne pourront demander le remboursement des versements effectués.

Les héritiers ou ayants-droit doivent, comme le Souscripteur lui-même, le montant non versé de la souscription.

Ils sont assujettis, en tout, aux mêmes obligations et jouissent des mêmes avantages que les Souscripteurs.

Ils peuvent néanmoins, leurs droits respectifs légalement établis, obtenir, pour la part de chacun d'eux, un Titre nominatif conformément à l'article 22.

Art. 22. — Le récépissé, délivré conformément à l'article 19, ne peut être cédé, ni transporté à un tiers ; mais tout Souscripteur peut, en payant intégralement le montant de sa souscription, échanger son récépissé contre un Titre nominatif dont le transport pourra se faire par endossement indiquant les nom, prénoms, qualités et demeure du nouveau titulaire. Ce transport, pour être valable, devra être visé par le Directeur-Gérant.

Ce Titre donne les mêmes droits, impose les mêmes obligations que le récépissé qu'il représente.

TITRE V.

De l'Administration.

Art. 23. — La Société est administrée par un Directeur-Gérant qui a seul la signature sociale dont il ne peut faire usage que pour les affaires de la Société.

Il est nommé par l'Assemblée générale pour un temps illimité, mais il est toujours révocable.

Art. 24. — Il représente la Société dans tous les actes, soit civils, soit judiciaires ou commerciaux ; et pour elle, il traite, transige, compromet ; procède en justice en demandant comme en défendant.

Il négocie et signe toutes transactions, tous traités ou marchés, toutes ouvertures de crédit, tous transferts de rente sur l'État et autres effets publics ; endosse ou acquitte tous billets à ordre ou traites sur le Trésor, la Banque de France ou toutes autres caisses publiques ou privées ; retire toutes lettres chargées ou paquets de tous bureaux de poste, chemins de fer, messageries ; paie et acquitte toutes sommes dues par la Société, reçoit et poursuit le recouvrement de toutes celles qui lui sont dues et à ces effets, poursuit l'inscription ou le transport de toutes hypothèques avec ou sans priviléges, consent et signe tous désistements et mainlevées avec ou sans paiement, donne et reçoit quittance de toutes sommes reçues ou payées.

Il acquiert, vend, cède, transporte ou échange tous biens meubles ou immeubles appartenant à la Société, négocie tout emprunt avec ou sans garanties, hypothèques ou priviléges.

Il passe tous baux au nom et pour le compte de la Société, et les résilie.

Il signe les récipissés et le livre à souche mentionnés en l'art. 19, le Titre transmissible mentionné en l'art. 22, ainsi que les transports qui peuvent en être faits.

Il signe la correspondance et généralement toutes les pièces qui peuvent engager la responsabilité de la Société.

Art. 25. — Le Directeur-Gérant est responsable de la fidèle exécution des présents statuts.

Il nomme et révoque tous les employés ou agents de la Société, en fixe le traitement, pourvoit à l'organisation et à l'entretien de tous les services, fait, de concert avec le Comité de surveillance, les règlements intérieurs et veille à leur exécution.

Art. 26. — Tous les actes du Directeur-Gérant, emportant obligation ou décharge pour la Société, sont consignés par ordre de date sur un registre à ce destiné.

Toutes les pièces comme traités, marchés, ou transactions généralement quelconques, sont conservées et classées par ordre de date.

Art. 27. — Tous les mois, le Directeur-Gérant fait dresser un compte rendu résumant toutes les opérations de la Société pendant le mois précédent.

Art. 28. — Tous les six mois, il fait dresser un inventaire exact de l'actif et du passif de la Société, au 30 juin et au 31 décembre.

Les comptes-rendus mensuels et les inventaires sont signés par le Directeur-Gérant qui en affirme la sincérité.

Art. 29. — Il convoque les Assemblées générales ordinaires et extraordinaires de concert avec le Président du Conseil de surveillance et prépare avec lui les ordres du jour des Assemblées.

Il propose la répartition des dividendes suivant les bénéfices réalisés.

Art. 30. — Le Directeur-Gérant reçoit un traitement annuel fixé par l'Assemblée générale.

Art. 31. — Le Directeur-Gérant peut, sous sa responsabilité, déléguer tout ou partie des pouvoirs qui lui sont attribués.

TITRE VI.

Du Conseil de Gérance.

Art. 32. — Le Directeur-Gérant est assisté d'un Conseil de Gérance composé de trois Membres au moins et de quinze au plus.

Ils sont nommés par l'Assemblée générale et restent en fonctions pendant trois ans.

Le Conseil de Gérance est renouvelé par tiers tous les ans ; pour les deux premières années, les membres sortants seront tirés au sort parmi les membres élus primitivement. Ils sont toujours rééligibles.

Art. 33. — Le Conseil nomme un Vice-Président, un ou plusieurs Secrétaires. Il est présidé par le Directeur-Gérant, et en cas d'absence ou d'empêchement par le Vice-Président, ou le plus âgé des membres présents. Le Conseil fait ses règlements intérieurs.

Il se réunit sur l'invitation du Directeur-Gérant toutes les fois que celui-ci le juge nécessaire.

Les procès-verbaux de ces séances sont écrits sur un registre spécial à ce destiné. Ils contiennent le résumé des communications, des discussions et observations qui auront eu lieu ou qui auront été faites, soit par le Gérant, soit par les Membres du Conseil.

Ces procès-verbaux sont signés après chaque séance par le Président et par le Secrétaire.

Art. 34. — Le Conseil de Gérance a pour mission d'éclairer le Directeur-Gérant sur toutes les questions d'administration qui lui sont soumises ; ses membres pourront être chargés d'inspecter les Associations avec lesquelles la Société sera en rapport, et pourront [au besoin être délégués temporairement pour aider l'administration de l'une d'elles.

Art. 35. — Les délibérations du Conseil de Gérance n'impliquent aucune ingérence dans l'administration de la Société pouvant emporter une responsabilité quelconque à l'égard des tiers. Chacun de ses Membres n'a que voix consultative et les délibérations ne valent que comme avis ou conseil au Directeur-Gérant, qui reste libre et agit sous sa seule responsabilité.

TITRE VII.

Du Conseil de surveillance.

Art. 36. — Un Conseil de surveillance composé de six Membres au moins, élus par l'Assemblée, est chargé de surveiller tous les actes de l'Administration. Ses Membres sont élus pour trois ans et se renouvellent par tiers chaque année. Pour les deux premières années, les Membres sortant sont désignés par le sort. Ses Membres sont toujours rééligibles.

Art. 37. — Le Conseil nomme son Président et son Secrétaire à la majorité des voix.

Le Président du Conseil de surveillance préside les Assemblées du Conseil, et le Secrétaire rédige les procès-verbaux de ses séances ; en l'absence du Président, le Conseil est présidé par le plus âgé des Membres présents ; en l'absence du Secrétaire, le procès-verbal est rédigé par le plus jeune des Membres présents.

Art. 38. — Le Conseil de surveillance se réunit au siége social toutes les fois qu'il le juge convenable, mais au moins une fois par mois.

Il ne peut délibérer que quand la moitié au moins de ses Membres sont présents.

En cas de partage, la voix du Président est prépondérante.

Art. 39. — Le Conseil a pour mission de surveiller tous les actes de l'Administration, de pourvoir provisoirement au remplacement du Directeur-gérant en cas de décès ou d'empêchement pour le titulaire de remplir ses fonctions ; de convoquer les Assemblées générales ordinaires et extraordinaires ; de prendre connaissance de toutes les pièces relatives à la comptabilité : la correspondance, les livres , la caisse , le portefeuille, et de tous les documents qui peuvent l'éclairer sur la marche et la situation de la Société.

Il vérifie les comptes mensuels et les inventaires.

Il fait tous les six mois un rapport à l'Assemblée générale sur les inventaires, sur l'administration et la situation de la Société.

Il donne son avis sur les dividendes à répartir.

TITRE VIII.

Conseil judiciaire.

Art. 40. — Il sera formé, par les soins du Directeur-Gérant, un Conseil judiciaire consultatif composé de :

Un ou plusieurs avocats ;
Un ou plusieurs agréés ;
Un ou plusieurs notaires ;
Un ou plusieurs avoués ;
Un ou plusieurs huissiers.

Ce Conseil se réunit sur l'invitation du Directeur-Gérant ou du Président du Conseil de surveillance, pour donner son avis sur toutes les questions qui lui sont soumises et chacun de ses membres prête son concours à la Société dans tous les actes qui sont dans ses attributions.

Il donne également son avis à l'Assemblée générale, quand elle le lui demande, lors de ses réunions ordinaires ou extraordinaires, sur toutes les affaires sociales et sur la gestion du Directeur-Gérant ; mais il ne s'initie en aucune façon dans les actes de l'Administration, soit financiers ou autres, la mission de chacun de ses membres étant seulement de donner des conseils et des avis.

TITRE IX.

Assemblée générale.

Art. 41. — L'Assemblée générale se compose de tous les Associés commanditaires ayant souscrit mille francs au moins et versé la moitié de leur souscription.

Plusieurs Souscripteurs, réunissant entre eux un capital souscrit de mille francs dont la moitié au moins serait versée, pourront se faire représenter par l'un d'eux à l'Assemblée générale, en lui donnant chacun un pouvoir spécial à cet effet. Ce pouvoir ne sera valable que pour une seule assemblée.

Art. 42. — L'Assemblée générale se réunit en Assemblée ordinaire tous les six mois au siége social, en janvier et en juillet.

Elle est convoquée par le Directeur-Gérant et le Président du Conseil de surveillance ou par l'un d'eux seulement.

Elle est convoquée par lettre particulière adressée à chaque Asssocié ayant droit d'en faire partie, dix jours au moins avant celui fixé pour la réunion, et par une nnonce insérée dans l'un des journaux destinés aux publications des actes de société, dix jours également avant celui de la réunion. Les lettres et l'annonce indiqueront l'ordre du jour.

En cas de non-convocation, l'Assemblée générale se réunit de droit au siége social, le 31 janvier et le 31 juillet, à une heure de l'après-midi.

Art. 43. — Tout Associé ayant droit d'assister à l'Assemblée générale, conformément à l'article 41, y sera reçu sur la présentation d'une carte d'entrée qui lui sera délivrée à la Caisse de la Société et qui devra être retirée vingt-quatre heures au moins avant la réunion.

Art. 44. — Tout Associé ayant droit d'assister à l'Assemblée pourra s'y faire représenter par un mandataire muni d'un pouvoir spécial qui ne peut être valable que pour une seule Assemblée.

Nul ne sera admis à représenter un Associé à l'Assemblée générale, s'il n'est lui-même Associé.

Art. 45. — Chaque Associé n'a droit qu'à une seule voix dans les Assemblées générales, quel que soit le chiffre de sa souscription.

Nul ne peut représenter plus d'un Associé absent et par conséquent émettre plus de deux voix dans les Assemblées générales.

Art. 46. — L'Assemblée générale se réunit extraordinairement toutes les fois qu'elle est convoquée ; elle ne peut, dans tous les cas, délibérer que sur les questions à l'ordre du jour.

Art. 47. — L'Assemblée générale est présidée par le Président du Conseil de surveillance et, à son défaut, par le plus âgé des Membres du Conseil présent.

Le Bureau de l'Assemblée est formé par deux Membres du Conseil de Gérance et deux Membres du Conseil de surveillance qui y sont appelés au choix de l'Assemblée.

Art. 48. — Les décisions du Bureau de l'Assemblée sont prises à la majorité des voix. En cas de partage la voix du Président est prépondérante.

Art. 49. — L'Assemblée générale pour se constituer devra comprendre vingt Membres au moins et représenter un dixième du capital souscrit.

Art. 50. — Si les conditions mentionnées à l'art. 49 ne sont pas remplies au jour indiqué pour une Assemblée ordinaire, elle sera ajournée à huitaine et une nouvelle convocation sera faite dans les vingt-quatre heures par lettre adressée à chaque Associé ayant droit. Cette nouvelle Assemblée se constituera régulièrement quel que soit le nombre d'Associés présents ou représentés et quel que soit le capital représenté.

Art. 51. — Les délibérations de l'Assemblée sont prises à la majorité des voix, sauf les cas prévus au présent acte. En cas de partage, la voix du Président est prépondérante.

Les votes ont lieu par mains levées, ou, sur la demande de cinq membres, par bulletins écrits et signés.

Art. 52. — L'Assemblée générale, régulièrement constituée en Assemblée ordinaire ou extraordinaire, représente l'universalité des Associés. Ses décisions engagent tous les Associés sans exception.

Art. 53. — Elle entend le rapport du Directeur-Gérant, reçoit ses comptes et les approuve purement et simplement ou avec telles réserves qu'elle juge convenables.

Elle ordonne, au besoin, par experts ou par une commission prise dans son sein la vérification de ces comptes.

Art. 54. — Elle entend le rapport du Président du Conseil de surveillance sur la situation générale de la Société. Elle autorise la répartition des dividendes pour l'exercice de chaque année.

Art. 55. — Elle nomme le Directeur-Gérant, pourvoit à son remplacement en cas de démission, de décès ou d'empêchement quelconque de le part du titulaire d'en remplir les fonctions.

Elle fixe son traitement.

Art. 56. — Elle peut toujours, sur la proposition du Conseil de surveillance , révoquer le Directeur-Gérant ; mais, dans ce cas, l'Assemblée, convoquée spécialement à cet effet, devra comprendre la moitié au moins des Associés ayant droit d'y assister, et représenter le quart du capital souscrit.

Art. 57. — Elle nomme les Membres du Conseil de surveillance et les Membres du Conseil de Gérance.

Art. 58. — Elle délibère sur toutes les questions à l'ordre du jour ; entend toutes les propositions collectives ou individuelles ; passe à l'ordre du jour ou les renvoie au Directeur-Gérant ou à l'un des Conseil pour lui en faire un rapport à la prochaine Assemblée. Elle nomme toutes les commissions qu'elle juge convenable pour l'examen des propositions qui lui sont faites ; mais c'est toujours par l'organe du Directeur-Gérant ou du Président du Conseil de surveillance que les rapports lui sont présentés.

TITRE X.

Inventaires. — Comptes rendus mensuels.

Art. 59. — L'année sociale commence le premier janvier et finit le trente et un décembre.

Du premier au dix de chaque mois, le Directeur-Gérant fera dresser un compte rendu des opérations de la Société pour le mois précédent, en fera remettre une copie au Président du Conseil de surveillance et en tiendra une copie à la disposition de tous les Associés, au siége social.

Un inventaire exact de l'actif et du passif de la Société est dressé au 30 juin et au 31 décembre par les soins du Directeur-Gérant qui le fait imprimer et l'adresse, dans les vingt jours qui suivent et avant la réunion de l'Assemblée générale, à tous les Membres de la Société.

Les comptes rendus mensuels et les inventaires sont soumis à l'Assemblée générale par le Conseil de surveillance qui donne en même temps son avis. L'Assem-semblée les approuve ou ordonne qu'ils seront vérifiés conformément à l'article 60.

TITRE XI.

Bénéfices. — Leur Répartition.

Art. 60. — Les produits nets , déduction faite de toutes les charges sociales, constituent les bénéfices.

Art. 61. — Après l'inventaire du 30 juin, il pourra être fait , quand les bénéfices réalisés pendant le semestre le permettront, une première répartition de **2** pour cent à-compte sur le dividende annuel.

Art. 62. — Les bénéfices sont répartis chaque année entre tous les Associés proportionnellement au capital versé par chacun d'eux dans les proportions et avec les retenues ci-après :

1º Il est d'abord fait un prélèvement suffisant pour répartir entre tous les Associé, un dividende de 5 pour cent sur tout le capital versé ;

2º Après le prélèvement ci-dessus, ce qui reste des bénéfices est ainsi réparti :

20 p. 0/0 pour former un fonds disponible de réserve sociale ;

10 p. 0/0 aux employés de l'administration à titre de gratification.

70 p. 0/0 à répartir entre tous les associés au prorata de leur versement.

TITRE XII.

Fonds de Réserve sociale.

Art. 63. — Le fonds de Réserve sociale se compose des sommes souscrites restées entre les mains des Souscripteurs, conformément à l'art. 20, et de l'accumulation des sommes produites par le prélèvement fait sur les bénéfices, conformément au paragraphe 2 de l'article 62, et des intérêts que produisent ces dernières.

Il ne sera fait usage du capital de la Réserve sociale que pour combler le déficit que peut produire l'exercice d'une année.

TITRE XIII.

Modification aux Statuts.

Art. 64. Il ne peut être apporté de modifications aux présents Statuts que par une Assemblée générale spécialement convoquée à cet effet.

Elle devra se composer de la moitié au moins des Associés ayant droit d'y assister et représenter le quart du capital souscrit. Elle sera convoquée comme les Assemblées ordinaires, et les lettres de convocation contiendront le texte des modifications proposées.

TITRE XIV.

Dissolution. — Liquidation.

Art. **65.** — Nul ne peut demander la dissolution de la Société avant le terme fixé pour sa durée ou hors des cas prévus par les Statuts.

La dissolution est de droit, dans le cas de perte de la moitié du capital souscrit.

Art. **66.** — La liquidation a lieu en cas de dissolution prévue à l'article 67, ou à la fin de la durée de la Société, et le capital social, qui reste disponible après l'acquit de toutes les dettes et de toutes les charges et obligations sociales, est réparti entre tous les Associés, proportionnellement à la somme versée par chacun d'eux.

La liquidation est faite par trois liquidateurs nommés par l'Assemblée générale à qui elle donne les pouvoirs nécessaires et notamment celui de transporter à une autre société les droits, actions, priviléges et obligations de la Société ; mais elle conserve, pendant le cours de la liquidation comme pendant le cours de l'exercice de la Société, tous ses pouvoirs statutaires.

Art. 67. — La durée de la Société peut être prorogée par l'Assemblée générale, spécialement convoquée à cet effet, dans les formes déterminées à l'art. 42.

TITRE XV.

Contestations.

Art. **68.** — Toutes contestations qui pourront s'élever pendant la durée de la Société ou lors de sa liquidation, soit entre les Associés et la Société, soit entre les Associés entre eux et à raison des affaires de la Société, seront jugées par un tribunal arbitral choisi parmi les membres de la Société, et auquel les parties donneront les pouvoirs d'arbitres amiables compositeurs, et leur jugement sera sans appel. Si l'une des parties se refuse à faire choix d'un arbitre, ils seront nommés par le bâtonnier de l'ordre des avocats du Barreau de Paris.

Tout Associé, en cas de contestation, devra faire élection de domicile à Paris, et toutes notifications, significations ou assignations lui seront valablement faites au domicile par lui élu, sans avoir égard à la distance du domicile réel.

A défaut d'élection de domicile, cette élection aura lieu de plein droit au parquet de M. le Procureur impérial près le Tribunal civil de première instance du département de la Seine, où toutes notifications, significations ou assignations lui seront valablement faites.

Le domicile élu comme il vient d'être dit, entraînera attribution de juridiction aux Tribunaux compétents du département de la Seine.

Publications.

Art. 69. — Pour la publication des présents partout où besoin sera, tous pouvoirs sont donnés au porteur d'une expédition ou d'un extrait.

Fait double à Paris, le

---

§ 4. Projet, Exécution.

En publiant le projet d'acte de Société qu'on vient de lire, nous avons voulu fixer plus exactement l'esprit du lecteur sur la nature et l'importance de l'œuvre à laquelle nous l'appelons à prendre part. Il est bien entendu que notre projet d'acte reste susceptible de modifications dans la forme comme tous les projets de ce genre. Ce n'est que la constitution de la Société qui lui donnera sa rédaction définitive.

L'examen des titres I, II et III fera comprendre le but de la Société ; il peut se résumer en quelques mots : c'est la banque des Associations ouvrières se réservant de faire, pour ses clients ou commanditaires, toutes les opérations qui lui seront confiées ; mais s'interdisant toutes opérations de bourse et toutes spéculations quelconque pour son propre compte.

Ces conditions nous paraissent rigoureusement nécessaires. — Une institution comme celle que nous voulons fonder ne peut s'interdire de devenir le mandataire de ses adhérents auxquels elle peut rendre des services en y trouvant une source de légitimes bénéfices, mais elle doit s'interdire toutes opérations, en dehors de ses attributions, qui sont d'être la *Banque du travail.*

Le titre IV indique le mode de souscription pour devenir Associé ou commanditaire.

Le chiffre de la souscription de chacun est indéterminé. Ce n'est donc pas une société par actions que nous proposons de former, mais une société en commandite simple. Nous avons choisi cette dernière forme, parce qu'elle répond mieux aux besoins de l'entreprise que la commandite par actions. Avec cette dernière, il faut fixer le chiffre du capital social sans pouvoir ni le dépasser ni l'amoindrir, sans remplir des formalités longues et coûteuses ; sans pouvoir commencer les opérations avant l'entière souscription de toutes les actions, etc. La commandite simple n'entraîne pas ces mêmes inconvénients. La Société peut se constituer avec le capital souscrit quel qu'il soit, quand les associés le jugent suffisant, et l'augmenter successivement sans modifier l'acte primitif. — C'est précisément ce qui convient à la *Banque du travail.*

Les titres V et suivants parlent de l'organisation de la Société. Un Conseil de surveillance, un Conseil d'administration et un Conseil judiciaire aident et contrôlent le Gérant. Celui-ci, se mettant en relation avec toutes les Associations anciennes et nouvelles, les aide dans leurs formations et leurs développements, en élaborant toutes les mesures propres à cet effet. Tel est notre projet sur lequel nous reviendrons dans des publications ultérieures.

§ 6. Initiative, — Adhésions.

Nous n'hésitons pas à prendre l'initiative pour l'exécution du projet de banque du travail que nous proposons sous le titre de *Crédit du travail*, et nous faisons appel à tous ceux qui sont désireux de concourir à l'affranchissement des travailleurs en les élevant, par le bien-être et l'éducation, à un degré supérieur dans la civilisation, en les faisant se passer du salariat qui n'est (comme le disait avec tant de force et de justesse M. de Châteaubriand), « que le prolongement du servage » au rang d'associé qui réalisera, dans la société civile, l'Égalité, la Liberté et la Fraternité promises par le christianisme et par notre immortelle Révolution.

Nous ouvrons, dès à présent, la souscription. Les adhésions seront reçues au bureau provisoire, à Paris, rue Baillet, nº 3, où elles devront être adressées à M. J.-P. Beluze.

Dès qu'il y aura lieu, nous appellerons les vingt premiers adhérents pour former un conseil provisoire pour préparer avec nous la constitution de la Société, et à la fin mars au plus tard, nous convoquerons les adhérents pour la constituer définitivement.

Les adhésions doivent se faire par lettre où chacun doit déclarer pour quelle somme il veut souscrire, quand et comment il fera son versement. — On peut envoyer tout de suite le montant de la souscription pour laquelle on veut devenir commanditaire, ou indiquer l'époque où l'on en fera le versement avant le 20 mars prochain. — Toutes les sommes reçues seront, au fur et à mesure de leur encaissement, déposées au Comptoir national d'escompte, à Paris, où nous avons un compte ouvert, et où l'on peut les adresser directement au compte de M. J.-P. Beluze, en lui en donnant avis en même temps.

Paris. — Imp. Félix Malteste et Cie, rue des Deux-Portes-Sauveur 22.